シティズンシップの教育思想

小玉重夫

発行●白澤社

Educational Thought of Citizenship
by Shigeo Kodama
Hakutaku-sha

シティズンシップの教育思想

目次

シティズンシップの教育思想◆目次

プロローグ——いま、なぜシティズンシップか……11
シティズンシップの形成と発展・11
新保守主義の登場と福祉国家的シティズンシップの動揺・12
シティズンシップの再編と復権・13
チャータースクールという思想・15
政治的相克の顕在化・17
シティズンシップの両義性・18

第1講　教師に哲学は必要か……21
教員養成の変容・22
暗記科目になってしまった教育哲学・25
市民の哲学的思考としての教育思想・26

「あぶなさ」が哲学の面白さ・28

第2講　プラトンの絶望と「総合的な学習の時間」……31
プラトンの絶望・32
知識偏重・34
「総合的な学習の時間」の活用・36

第3講　ソクラテス的センス……41
古代アテネの民主主義・42
ソフィストとの論争・44
現場主義に居直るのは危険・48

第4講　啓蒙的理性と教師像……51
フランス革命と「啓蒙」の誕生・52
コンドルセの教育改革・53
啓蒙主義の影響・55
目的としてのユートピア・56

二つの教師像・58
高度成長期の教育の構図・59

第5講 シニシズムという問題……63
外部の喪失・64
シニシズムの問題性・65
教育におけるシニシズム・67
シニシズムの背景・69

第6講 啓蒙の別の顔……73
もう一度、啓蒙とは何か、を問う・74
「子ども」は近代の産物・75
理性の公的な使用・78
共同体とその外部・79
生徒は他者である・81

第7講 ルソーと近代教育……85

家族、学校、企業社会のトライアングル・87
家族と学校の組み合わせ・88
『エミール』の核心・90
社会から子どもを隔離、保護する・92
戦後日本と近代教育・94

第8講　国民教育と市民……99
大人と子どもの境界線・100
シティズンシップ・102
シティズンシップと国民教育・104
国家との契約・107
「国民」を越えて・108

第9講　近代的個人の形成と再編……113
福祉国家的シティズンシップの組みかえ・114
政治的な自立と職業的な自立・115
政治的な生と生物学的な生・117

パノプティコンと教育刑・119
自己管理・121
シティズンシップの再政治化・123
第10講　マルクス主義の逆説……127
マルクス主義の影響力・128
哲学的意識の清算・129
プラトン的思考様式・132
認識と実践の緊張関係・135
第11講　児童の世紀とユートピア主義……139
新教育運動の台頭・140
子どもが親を選ぶ権利・141
ユートピア実現の手段・143
子ども中心主義の限界・145
過去と未来の間・146

第12講　過去と未来の間に立つ……149
全体主義との関連・150
学力低下問題・151
はいまわる経験主義・152
進歩主義と保守主義・154
教師である自分を脱構築する・156
過去と未来の衝突の場・158
批評空間としての学校へ・159

エピローグ――シティズンシップの再政治化へむけて……165
新しいシティズンシップの模索・166
政治的コーディネーターとしての教師・169
権力関係の可視化・171
日本におけるシティズンシップ教育の可能性・173

あとがき・177

プロローグ——いま、なぜシティズンシップか

一九九〇年代以降、各国の教育改革のなかでは、シティズンシップ（市民性）の教育ということが注目され、きわめて重要な課題として議論されるようになってきている。そもそも、いまなぜシティズンシップの教育が注目されているのか？

シティズンシップの形成と発展

もともと、シティズンシップは、一七世紀、一八世紀の市民革命によって歴史の表舞台に登場した、国家の主権者としての市民層をあらわし、その対象は一部の成人男性に限られていた。やがて、国民国家が発展し、国民国家の構成員にすべての階層の人々が包摂されていく過程で、シティズン

シップは、国民国家への帰属、およびそこでの権利を意味する概念として拡大、発展してきた。たとえば社会学者のT・H・マーシャルは、シティズンシップを、国民国家の次のような三つの発展段階のなかでとらえている。すなわち、一八世紀の個人的自由をあらわす市民的権利から、一九世紀の参政権や政治参加を表す政治的権利を経て、二〇世紀の福祉国家段階における社会的権利へと、市民権としてのシティズンシップは発展してきたというのである[1]。

このような国民国家への帰属とそこでの権利を意味する概念としてのシティズンシップは、たしかに福祉国家が発展した一九六〇年代まではリアリティをもっていた。

新保守主義の登場と福祉国家的シティズンシップの動揺

しかし、一九六〇年代末から一九七〇年代以降、福祉国家的な政策に対する批判がしだいに強まり、一九八〇年代にイギリス保守党のサッチャー、アメリカ共和党のレーガンは、福祉国家批判を前面に掲げた教育改革を展開した。レーガン、サッチャーらの一九八〇年代の改革は新自由主義、あるいは新保守主義とよばれ、日本にも影響を与えたが、教育の問題に即してみると、そこには、大きくは二つの視点が含まれていた。

第一に、市場原理を再評価し、平等よりも卓越性を重視する視点である。第二に、共同体を再評価し、個人の権利よりも個人が帰属する共同体への義務や責任を重視する視点である。この新自由主義、新保守主義によって、福祉国家的シティズンシップの理念は急速に失墜し、動揺していくこととなる。[2]

シティズンシップの再編と復権

しかしながら、サッチャー、レーガンらの保守主義の路線は必ずしも盤石な基盤のうえにあったものではなく、内部に矛盾をはらんだ危うい基盤のうえに成立していた。すなわち、一方でこれらは市場原理を重視し分権化と規制緩和を志向しつつ、他方では、共同体主義にもとづいて教育への強力な国家統制を志向するという整合性のなさ、矛盾をはらんでいた。そうした矛盾を整合的に結びつける論理は、保守主義において必ずしも明確な形では存在していなかった。一九八九年の冷戦終結を機に、そのような保守主義の内部矛盾が露呈し、イデオロギーとしての保守主義の「失速状況[3]」が顕在化していく。

このような保守主義の失速をうけ、一九九〇年代に保守主義に替わって台頭したのが、「第三の道」という新しい社会民主主義の流れである。アメリカでは九三年に民主党のクリントンが大統領に当選した。イギリスではブレアが九四年に労働党党首となり九七年には「ニュー・レイバー」を掲げて保守党から政権を奪還した。
ブレア政権の理論的支柱であるアンソニー・ギデンズは、著書『第三の道』で、それを「旧式の社会民主主義と新自由主義という二つの道を超克する道、という意味での第三の道」であると定義する。その具体的プログラムとしては、「コミュニティの再生」によって「アクティブな市民社会をつくること、そして、「シティズンシップの尊重」や「公共空間に参加する権利を保証すること」などを骨子とする「包含（inclusion）としての平等」等が提起される。(4)

ここに、かつての福祉国家的シティズンシップ論は新たな形で組みかえられ、復権する。すなわちそれは、福祉国家論が追求した諸個人の権利や平等というモチーフと、保守主義における市場や共同体の再評価という視点とを融合していく際の鍵になる概念として位置づけられることになる。

とはいえ、「第三の道」以降の展開は、ある単一のシティズンシップの像を提出しているかというと、必ずしもそうではない。むしろ、そこには新しいシティズンシップをいかなるものとしてとらえるかをめぐる相克が存在する。一九九〇年代以降のシティズンシップの復権は、そのあり方をめぐる相克をうちに含むものであったということができる。そのことを示す例として、一九九〇年代に公立学校改革の手法としてアメリカに生まれたチャータースクールについて触れておくことにしたい。

チャータースクールという思想

チャータースクールは公費によって運営され、しかも教育委員会の規制を受けない公設民営の独立した公立学校で、現在全米で二〇〇〇校を超えている。ひとくちに公設民営といってもその形態は、教員組合運動などで志を同じくする教師によってつくられたチャータースクールから、民間企業が運営するチャータースクールまで多様である。また、各州が制定するチャータースクール法によっても、認可や設置の形態は異なる。ただ、共通していえることは、それが公費によって運営される公立学校であるということ、特にマイノリティや移民などに応えてつくられた新しい形の公立学校であるという点である。その意味で、単なる教育の市場化、民営化ではない[5]。

そのチャータースクール法は、一九九一年にミネソタ州で最初に制定された。チャータースクールの性格を示す、次のようなエピソードがある。

二〇〇二年の中間選挙でミネソタ州の上院議員に当選した共和党の候補者は、元民主党員で、民主党員の時代にミネソタの州都セントポールの市長を務めていた人物である。彼の選挙テレビコマーシャルに、「全米初のチャータースクールをつくった市長」というフレーズがでていた。つまり彼はなんと、民主党時代の業績を共和党の選挙宣伝に使ったのである。

その全米初のチャータースクール、セントポール市にあるシティ・アカデミー高校のマネージャー、オスカー・シェファースは、このエピソードについて、ややあきれた顔をしながらも、「彼の選挙宣伝にはやや誇張がありますね。ただ、たしかにチャータースクールには、民主党、共和党の双方の考え方を取り入れている側面があるといえます。民主党は伝統的に公費で公立学校を維持することを強調してきたのに対し、共和党は公教育の規制緩和、分権化ということを強調してきたからです。チャータースクールは、いわばこの両者の主張を取り入れたものだということができます」と語ってくれた。

シェファースがいうように、チャータースクールは、公立学校で市民を教育するという民主党リベラル派による福祉国家的平等化政策のモチーフと、公教育における規制緩和、分権化を主張する共和党の新保守主義、新自由主義的なモチーフの双方が取り入れられているという意味で、上述の「第三の道」の具体化としての側面がある。事実、チャータースクールを研究したフィンらはチャータースクールという思想を、「『穏健な社会主義』と『穏健なサッチャーリズム』の間の第三の道」として位置づけている。(6)

そして「第三の道」としてのチャータースクールは、それまでの公立学校では必ずしも顕在化しなかった政治的な問題を浮上させることになる。

政治的相克の顕在化

ミネソタ州最大の学区ミネアポリス市のジュディ・ファーマー教育委員によれば、ミネソタで全米初のチャータースクール法を準備する基盤は一九八〇年代の民主党のパーピッチ知事の時代につくられたという。パーピッチ知事はその任期中に、二つ大規模な教育改革を行なった。一つは学校選択制を州全体におよぼすオープン・エンロールメントの導入、もう一つは高校生に大学の授業をとることを可能にさせるポスト・セカンダリーオプションプログラムの実施である。これらはいずれも公教育のそれまでの規制を大幅に改革する意味をもつもので、その延長線上に、一九九一年のチャータースクール法の制定があったのだという。

ファーマー委員はチャータースクールについて、その積極的な面として、新しい教育の実験を可能にし、また、マイノリティや移民などの固有のニーズに応えられるという利点を挙げる。他方で、その課題として、チャータースクールの説明責任（アカウンタビリティ）を評価することの困難さを指摘する。財政上のアカウンタビリティはともかくとして、最大の困難は、教育上のアカウンタビリティの評価にあるという。たとえば、教育委員会からみてあきらかに成功していない学校でも、その学校に対して影響力を行使しているマイノリティの有力者や政治勢力との関係で、閉校などの措置をとることがなかなか困難な場合があるという。このファーマー委員の指摘は、マイノリティに固有の課題に応えるということのもつ両義的な側面を浮き彫りにし、その意味で、チャータースクールが良くも悪くも、アイデンティティ・ポリティクスの舞台となっていることを示唆するものであるといえる。

このように、「第三の道」といっても、そこに必ずしも単一のビジョンが含意されているわけではなく、むしろそこでは規制の緩和によって、それまで封印されていたアイデンティティ・ポリティクスなど政治問題が噴出し、政治的相克が顕在化していく可能性が含まれている。そのことは同時に、政治の担い手であるシティズンシップ（市民性）のとらえ直しという課題を浮上させる。[7] ファーマー委員の指摘は、まさにこの点を裏づけるものである。

つまり、一九九〇年代以降のシティズンシップの復権とは、それまで封印されていたアイデンティティ・ポリティクスなど政治的相克が顕在化していく可能性をうちに含みながら、論争的な性格をもつものとしてあらわれているということができる。

シティズンシップの両義性

このようにみてくると、いま私たちが二一世紀以降のシティズンシップの教育を問うとき、そこには二つの課題が含意されていることを念頭におく必要がある。一つは、一九七〇年代以降、国民国家の発展形態である福祉国家が再編され、組みかえられつつある状況のなかで、国民国家への帰属を表す近代的シティズンシップの概念もまた、批判され、その組みかえが求められているという課題である。もう一つは、にもかかわらず同時に、諸個人の権利や平等というモチーフと、市場や共同体の再評価という視点とを統合し、新しい政治的公共性の可能性を探るためには、その担い手をさす概念であるシティズンシップの重要性があらためて浮上し、その可能性を探ることが求められているという課題である。

つまり、近代的シティズンシップの概念を批判しつつ、同時にそれを組みかえ新しいシティズンシップの可能性を模索していくという、両義的な課題に私たちは直面している。このことはシティズンシップの教育を考える場合にも強くあてはまる。私たちが今日シティズンシップの教育を考え、実践していくためには、一方で、国民国家の教育思想として発展してきた近代教育思想を根底から批判しつつ、同時に他方で、その組みかえによる新しい公教育思想の可能性を追求することが求められる。シティズンシップの教育を考えることは、近代教育思想を批判的に問い直すことにほかならない。本書を『シティズンシップの教育思想』と名づけたのはそのためである。

以下、本論では、上記の課題に取り組むために、古典古代から現代までの教育思想史の重要事項を、今日の教育問題との関係をつねに念頭におきながら、一二講に分けて論じる。それによって、国民国家の教育思想として発展してきた近代教育思想を批判的にとらえ直しながら、同時に、その組みかえによる新しい公教育思想の展望を明らかにしていきたい。

【注】

（1）Marshall, T.H., "Citizenship and Social Class", in Shafir,G.ed., *The Citizenship Debates*, University of Minnesota Press, 1998.

（2）アメリカの場合については、小玉重夫『教育改革と公共性 ― ボウルズ＝ギンタスからハンナ・アレントへ』（東京大学出版会、一九九九）を参照されたい。

（3）佐々木毅『アメリカの保守とリベラル』講談社、一九九三、一三七頁。

（4）Giddens, Anthony., *The Third Way-The Renewal of Social Democracy*, Polity, 1998.（佐和隆光訳『第三の道』日本経済新聞社、一九九九）。

（5）Abowitz, Kathleen k., "Charter Schooling and Social Justice", *Educational Theory*, Vol.51, No.2, 2001.

（6）Finn, C.E.Jr., Manno, B.V.,Vanourek,G., *Charter Schools in Action*, Princeton, 2000.（高野良一監訳『チャータースクールの胎動 ― 新しい公教育をめざして』青木書店、二〇〇一）。

（7）詳しくは、小玉重夫「公教育の構造変容」『教育社会学研究』第七〇集、二〇〇二年を参照されたい。

第１講

教師に哲学は必要か

教員養成の変容

私たちの多くは、教育思想や教育哲学というものに、大学の授業ではじめて本格的に接する。大学で教育思想や教育哲学に接する機会は、大まかに分ければ三通りある。一つは一般教養の課程で教育学の授業をとる場合、もう一つは専門課程で教育学を専攻する場合、そして最後に、教員免許を取得するための教職課程をとる場合である。

第一と第二の場合は各人の希望や選択によるが、第三の場合は、公教育における教員免許の付与という公的な要請とかかわっており、単なる各人の選択だけに帰すことのできない性格を含んでいる。その意味で、教職課程は日本の大学での教育哲学の位置を考えるうえで特に重要な意味をもつ。

教職課程が重要であるもう一つの理由として、日本の教員免許制度が開放制を採用している点を挙げることができる。開放制とは、教員養成を目的とする教育学部や教育大学の学生だけでなく、教職課程を有するすべての一般大学の学生が教員になれるシステムのことである。これは後述するように、戦前の師範学校が視野の狭い教師しか養成できなかったのではないかという問題意識から、広い市民的教養を備えた教師を養成しようという趣旨で戦後に導入されたシステムである。この開放制のもとでは、すべての大学生はその専攻の如何を問わず、教職課程を履修し教育学という学問に接する潜在可能性を有しているといえる。また、教育学という学問じたいが、大学での教員養成に責任を負う学問として発展してきたという側面もある。

そして、少なくとも一九九八年までは教育哲学や教育思想は、この教職課程の中心的な位置を占める科目の一部をなしていた。教育職員免許法によって、教職課程の教職に関する科目には「教育の本質に関する科目」を置かなければならないと定められ、教育原理や教育思想、教育哲学といった科目を必ず履修しなければ教員免許を取得できないようになっていた。したがって教職課程を有するすべての大学では、教育原理など「教育の本質」を講じる科目が必ず設置されており、そこで学生は教育思想や教育哲学を学ぶことになっていた。

ところが、一九九八年に教育職員免許法が改正になり、これによって、事態が大きく変化することになる。もしかしたら、教育原理や教育哲学という科目がすべての大学の教職課程で教えられるということはなくなるかもしれない。今回の法改正によって、教職課程に「教育の本質に関する科目」を置かなければならないという規定がなくなったからである。そしてそのかわりに、教育方法や生徒指導、カウンセリングに関連する科目を増やそうということになった。教師の養成にかかわる制度や法律が、思想とか哲学というものを以前ほどは重要視しなくなってきているのである。

このように教育において思想や哲学が軽視されるようになったことには、一面ではたしかに、それ相応の理由があるといわなければならない。そこには、法律や制度の問題だけには帰せられない、教育思想、教育哲学の研究と教育の在り方にかかわる問題があることは事実である。これまでの教育原理や教育哲学と呼ばれていた科目の中身が、現代の教育問題を考えるうえで、あまり参考にならなくなってきたという事情がないわけではない。

どういうことかというと、詳しくは本書で論じるが、あらましをいえば、教育学は近代社会を立ち上げ発展させてきた広い意味での近代思想の一環として展開してきたが、教育哲学はまさにそうした教育学の成立基盤を正当化する中心原理にほかならなかった。したがって近代社会が成立、発展し、それに伴い近代の教育制度である学校や家族のシステムが普及し発展していく時代には、教育哲学を論じた個々の思想家の思想内容を正確に伝えることが、教育学の正当化原理を学ぶためには有効であった。日本でいえば、高度経済成長が続いていた一九六〇年代ぐらいまでは、そういう時代であった。しかし、一九七〇年代以降、近代社会が批判され問い直されるポスト近代、ポストモダンといわれる時代になると、近代教育学の成立基盤それ自体もまた、問い直されるようになり、したがって個々の思想家の思想内容を正確に伝えるだけでは現実に対応できないようになってきた。

ルソーがこういった、ペスタロッチがこういった、というような話だけで終わってしまうのでは、講義を聴いている学生にとってもつまらないし、そうした状況を招いたのは、自戒を込めていえば、教育原理や教育哲学を教える教員・研究者の側に、自分たちのやっている学問や研究の内容を現実の変化と照らし合わせて十分には吟味してこなかったという一面があったためでもあると思う。

暗記科目になってしまった教育哲学

もちろん他方では、教育哲学の抱えるもう一つの問題として、学問の性質そのものの問題ではなくて、現在の教員養成・教員採用の制度にかかわる問題があることも事実である。

教員採用試験の問題で、いわゆる教育原理に該当する部分を見てみると、教育思想家の名著を挙げて、だれの著作かを問う問題もよくあるが、その他に、法律の条文や判例をおぼえていないと試験に通らないようになっている。法令の細かい知識が要求されるわけだ。

そこで、大学の教職課程でも、学習指導要領などの教育関連法規・法令等を教育原理などの授業で扱わなければならないようになる。学生は、教員採用試験に通るためには、いまある法令をおぼえることに集中せざるをえない。そうすると、教育原理や教育哲学は、どうしても暗記科目になってしまう、そういう問題もある。

いずれにせよ、教育哲学が時代の変化に対応できず、暗記科目に成り下がったと見られても、あながち否定できないような状況があることはたしかである。そのような教育哲学、教育原理などが、教員免許法上も冷や飯をくわされるのは当然かも知れない。

しかし、それでは果たして本当に、思想や哲学は教師に必要なくなったのかといえば、必ずしもそうとはいえないのではないだろうか。知識としての哲学ではなく、本来の意味での哲学的思考は、必要ないどころか、むしろ今後ますます重要な意味をもってくるだろう。私たちはいまこそ、それを再発見するべきときにきている。それはなぜか。

市民の哲学的思考としての教育思想

先に、日本の戦後教員養成が開放制を採用したということを書いた。くりかえせば、戦前の師範学校システムが国家目的に従属するだけの視野の狭い教師しか養成できなかったのではないかという問題意識から、広い市民的教養を備えた教師が調達されるようなシステムをつくろうとしたところに、開放制教員養成の一つの趣旨があった。この点とかかわって、慶應義塾大学の教職課程にかかわった経験をもつ経済思想史家の野地洋行の以下の文章は、きわめて重要な問題を指摘している。

「みずからこの政治的共同体を構築する過程を欠いたとはいえ、いまわれわれはこの共同体の主権者であると同時に構成者であり、構成者としてはその市民である。そのような政治的共同社会では、教師は教師として職業人であると同時に、この共同社会に公的責任を負っている。かれはこの共同社会の形成原理と存在理由とその価値、その理念を知っているのでなければならない。なぜなら教育という職業は、これらを次の世代に伝達する責任をも含んでいるからである。私が教師は教師であると同時に——あるいはそれ以前に——市民であり、市民が教師となるのでなければならないというのはこの意味においてである。(1)」

この、「教師は教師である前にまず市民でなければならない」という野地の問題提起は、開放制の理念の中枢を言いあてている。近代の教育制度が曲がり角にさしかかり、近代の教育制度を正当化する思想、原理としての教育哲学が現実に対応し得なくなりつつある今日、教師という存在を自明なものとせずに、その前提を問い直そうとするこの開放制の理念は、格別の重要性をもってきているということができるのではないだろうか。そしてそのためにこそ、近代を批判的にとらえられる市民の哲学的思考としての教育思想が、求められているのである。

そして実は、哲学とはもともとは、まさにそうした市民の思想として生まれたものにほかならなかった。このことをみるために、哲学はそもそもどうして始まったのか、ということから、みてみることにしたい。

「あぶなさ」が哲学の面白さ

いま私たちが「哲学」と呼んでいるものはヨーロッパで生まれた哲学である。そのおおもとをたどっていけば、古代ギリシアのソクラテス（Socrates B.C.469-B.C.399）という人にいきあたるということは、ご記憶の方も多いのではないかと思う。ソクラテスは、いったいなぜ哲学を始めたのか、また、彼の始めた哲学とはどういうものであったのかを見ていくことにしたい。

ソクラテスが住むアテネでは、市民は皆、政治に参加し権力を行使する、公民としての市民であった。ソクラテスは、この自分が住むアテネという民主主義の都市国家で流通していた法とかルールを徹底して批判した。それも街角や公の場所でアテネの市民に論争を挑んで、いかにアテネで流通している法やルール、解釈図式がいかがわしいものであるかということを暴露してまわったのだ(2)。このソクラテスの論争が哲学の始まりである。哲学の始まりがこうしたものだったということは、法やルールの根拠を疑って、それを批判するということが哲学のもともとの役割であったことを示している。ソクラテスは、法やルールの根拠を疑って、それを批判するということが市民の成熟と都市国家の活性化にとって不可欠のものと考えたのである。

ところが、そのためにソクラテスが最終的にどうなったかというと、アテネで法と秩序を乱すものとして告発されて、裁判の結果、死刑にされてしまった。それ以来、哲学と法、哲学と政治というのは犬猿の仲、対立関係にあると考えられてきた。つまり哲学とは、既存の法や政治を肯定する立場から見ると、既存のルールを根底から破壊するあぶないものだということになる。これは哲学の特徴としてふまえておかなければならない重要なことである。

哲学のもつあぶなさ、これこそが物事を批判的に吟味するという本来の意味での哲学的思考の面白さだといえる。だから、もしも暗記科目になってしまった教育哲学が今度の教員免許法改正でリストラされるとすれば、逆に、従来のものとは異なる意味での、市民のための哲学的思考としての新しい教育思想を立ち上げ直すという意味では、よい機会かも知れない。次講では、そのことについて考えてみることにしよう。

【注】

(1) 野地洋行「十五年目の遺言状 —— センター創設の神話」『慶應義塾大学教職課程センター年報』一〇号、一九九九年、一一頁。同年報所収の座談会「戦後教員養成と教職課程センター」(澤孝一郎・松本憲・米山光儀・鹿毛雅治・竹村英樹・小玉重夫)でもこの問題が検討されている。

（2）矢野智司は、ソクラテス的対話について、以下のように述べる。「ソクラテスは、テーマについて確たる知識を与えてくれるわけではないし、また、正答を用意しているようにも見えず、彼は『私は何も知らない―そのことを私は知っている』とさえ言う。なんとパラドクシカルでアイロニカルな言葉か！　対話者は、これまでの解釈図式をそのままでは維持することはできず、この状況をやり過ごすこともできない」（矢野智司『ソクラテスのダブル・バインド』世織書房、一九九六年、四五〜四六頁）。

第2講

プラトンの絶望と「総合的な学習の時間」

プラトンの絶望

前講で哲学的思考の魅力はそのあぶなさにある、ということを書いた。ヨーロッパ起源の哲学、その始まりの位置に立つソクラテスは、国家・政治・法の正統性を疑い、ある意味でそれを批判した人物であった。そのためソクラテスは、当時直接民主主義をとっていたアテネという古代ギリシアの都市国家と対立し、裁判で有罪とされ、処刑されてしまったわけである。だから、思想史的にいうと、哲学と国家、哲学と政治というものはもともとは対立、緊張関係にあるということができる。このソクラテスの刑死問題に象徴される、哲学と政治の対立関係は、それ以降の哲学にとっても大問題になった。

ソクラテスの弟子のプラトン（Platon B.C.427-B.C.347）は、師のソクラテスを殺してしまった当時の直接民主主義のアテネに対して深く絶望し、批判的な考えをもつようになった。二〇世紀に活躍した政治思想史家のハンナ・アレント（Arendt, Hannah 1906-1975）は、このポリスの政治に対するプラトンの絶望が、その後の哲学と政治の関係を決定づけたという。アレントによれば、

「われわれの政治思想の伝統が開始されたのは、まさにソクラテスの刑死が、ポリス（都市国家）の

政治についてプラトンを絶望させ、同時にソクラテスの基本的教説のいくつかに懐疑を抱かせた時であった。ソクラテスが裁判官たちを説得して、彼の無実と彼の功績——アテナイの市民のなかで善良な人々、若者たちには自明なことであったが——を明らかにすることができなかった事実は、『説得』の妥当性についてプラトンに懐疑の念を抱かせてしまったのである。[1]」

プラトンの学園

このプラトンの絶望が、彼をして哲学者による政治の支配の構想へと向かわせる。政治学者の佐々木毅がいうようにそれ以後、このプラトンの構想は西欧政治思想の伝統を呪縛していくこととなる。ソクラテスの刑死と「プラトンの呪縛」という問題である。[2]そこでプラトンは、『国家』という書物の中にソクラテスを登場させて、哲学者こそが政治をやるべきだ、といわせたのである。それが、以下の有名な、哲人王のテーゼである。もちろん、これはソクラテスではなく、プラトン自身の考えである。

「『哲学者たちが国々において王となって統治するのでないかぎり』とぼく(ソクラテス)は言った、『あるいは、現在王と呼ばれ、権力者と呼ばれている人たちが、真実にかつじゅうぶんに哲学するのでないかぎり、すなわち、政治的権力と哲学的精神とが一体化されて、多くの人々の素質が、現在のようにこの二つのどちらかの方向へ別々に進むのを強制的に禁止されるのでないかぎり、親愛なるグラウコンよ、国々にとって不幸のやむときはないし、また人類にとっても同様だとぼくは思う。(3)』」

知識偏重

このプラトンの哲人王というテーゼ以降、近代の思想や哲学の中心的な流れは、哲学なり理論というものが政治をコントロールするべきだ、そうしないと政治は暴走してうまくいかなくなる、という考え方に支配されるようになっていった。次講でも見るように、プラトンの師のソクラテス自身は、法や政治を批判しようとはしたが、法や政治それ自体は見下すのではなくむしろ尊重し、民主主義を活性化させようとしていた。つまり、ソクラテスは哲学と政治の対立、緊張関係を前提としながらも、両者の対等な抑制と均衡の関係をめざしていた。ところがプラトン以後は、政治とか民主主義というものを、哲学より価値の低いものとみなすようになってしまったのである。

このように哲学と政治、あるいは理論と実践を対立させ、後者（政治、実践）よりも前者（哲学、理論）を優位におくとらえかたは、今日の学校教育にも妥当する。すなわち、学校教育でも、教科の授業で教えられる知識とか理論が偏重される一方で、生徒会や学級（ホームルーム）活動などを通じて政治的な判断力や民主主義を身に付けることは、「特別活動」として、学校カリキュラムの中心をなさない領域として、教科教育よりも一段低いところに位置づけられる傾向がある。逆にいうと「知識をまず身に付けなければいけない、知識を身に付けて理論的に賢くなれば自然と政治的にも市民的にも成長するのだ」という考え方が非常に優勢であるといえる。

このような学校教育における知識偏重、理論偏重という文化が生まれたのは、プラトン的な考え方が背景にあるといっていいだろう。「プラトンの絶望」は、今日の私たちの学校や文化のあり方を、深く規定しているのである。

そして、こうした知識偏重の考え方は、前講でみたような哲学を暗記科目にしてしまった傾向ともつながる。このような知識が現実をコントロールするという前提からは、現実との緊張関係をはらんだ批判的思考は生まれない。それでは、いったいどうしたらよいのだろうか。

「総合的な学習の時間」の活用

一つのてがかりとして、ここで再び一九九八年の教員免許法改正に触れてみたい。今回の改正で、教職に関する「総合演習」という科目を取らないと教員免許が取得できないようになった。たとえば、この総合演習を本当の意味での教育思想や教育哲学を学ぶ場として考えることはできないだろうか。

総合演習というのは、第一に現代社会のさまざまな問題を取り扱うこと、第二にそれを学校現場でどう教育するかを考えること、という二本柱で設定されている。しかも、ディスカッションする、つまり演習でなければいけないとされている。講義ではだめだというわけである。だから、この総合演習を利用して、批判的な目で今の法律や教育の在り方を見てみるということを学生のうちに養っておくことがもしできれば、それは貴重な機会になりうる。教職に就き現場に入ってしまうと、最初のうちは自分のやっていることを相対化する余裕はなかなかないかもしれないから、学生のうちにそのような機会をもっておくことには意義がある。

どうしてこの総合演習のような科目が大学の教職課程の中に出てきたかというと、二〇〇二年度（小学校、中学校）、二〇〇三年度（高等学校）から実施された学習指導要領で「総合的な学習の時間」というのが入ってくるので、おそらくそれを担当する能力を養成することが、それがすべてではないにしろ、期待されているという面があるのではないかと思われる。

この「総合的な学習の時間」は、初等中等教育の全体に導入されるもので、小学校では第三学年以上を対象に、一学年で最低一〇五時間（週三時間相当）、中学校では一学年で最低七〇時間（週二時間相当）、高等学校では卒業までに最低一〇五時間（週一時間相当）の時間数指定が行なわれている。(4)

この「総合的な学習の時間」の内容上の特徴はまず、既存の教科を横断した総合学習によって構成されるという点にある。そして何よりも、各教科等のような内容上の規定を学習指導要領であえて行なわないという点に、その内容面での最大の特徴がある。その意味で、これは、内容上の規定が法的拘束力を有してきた一九五八年以来の学習指導要領の原則を、部分的にではあれ、変更するものであるとみることすらできる。

今までなら、教科の授業ができることが第一で、あとは生徒指導や校務分掌の仕事などが教師の主たる仕事だった。しかし、教科の授業でもなく、生徒指導でもない、「総合的な学習の時間」の指導が教師に求められることになった。この「総合的な学習の時間」を実質的に機能させようとすれば、これまでの学校の教師像を問い直し、教師の仕事のあり方をかなり変えていかなければならなくなる。

高等学校学習指導要領の第一章「総則」第四款「総合的な学習の時間」をみてみると、「総合的な学習の時間」のねらいとして、「自ら課題を見付け、自ら学び、自ら考え、主体的に判断し、よりよく問題を解決する資質や能力を育てること」と、「学び方やものの考え方を身に付け、問題の解決や探究活動に主体的、創造的に取り組む態度を育て、自己の在り方生き方を考えることができるようにすること」が挙げられている。また、総合的な学習の時間で取り上げる課題の例としては、「国際理解、情報、環境、福祉・健康などの横断的・総合的な課題」が挙げられている。つまり、「国際理解、情報、環境、福祉・健康などの横断的・総合的な課題」などに対して、「自ら考え、主体的に判断し」ていく能力の養成が期待されているということができる。そうした能力は、民主主義を構成する市民として現代社会が直面する諸問題を考え、判断する力にほかならず、それは言い換えれば、政治的判断力といってもいいと思われる。

つまり、これからの教師には、生徒たちの政治的判断力を養成できるだけの力を自ら培うことが要請されているのである。この要請に応えるには、これまでの教科教育法だけに限られない、より広い視点をもたなければならないし、学校の中にこれまで蓄積されてきた経験則だけでも対応できない。もしも教師が、プラトンの絶望以後の知識偏重、教科教育偏重の認識枠組みにとらわれたままだとすれば、「総合的な学習の時間」は簡単に形骸化していくことになるだろう。その可能性は大いにある。しかしそこからは、政治的判断力を育てる教育は生まれようもない。

さて、それでは「プラトンの絶望」を超えて、政治的判断力を育てる教育とはどんなものなのだろうか。そのモデルになる一つの鍵は、プラトン以前の、政治と哲学、実践と理論の緊張関係がまだ生きていた段階、すなわち、ソクラテスの哲学的思考にあると思われる。この点については、また次講であらためて考えてみることにしたい。

【注】

（1）Arendt,H., "Philosophy and Politics", *Social Research*, Vol.57, No.1, 1990,p.73.（千葉眞訳「哲学と政治」『現代思想』一九九七年七月号、八八頁）。ちなみにアレントは、このプラトン以降の政治哲学の伝統は、マルクスにまで継承され、そこでその終焉を迎えるといっている。この点については第10講を参照。

（2）佐々木毅『プラトンの呪縛――二十世紀の哲学と政治』講談社、一九九八。

（3）プラトン『国家』岩波文庫版（上）、四〇五頁。

（4）『小学校学習指導要領』大蔵省印刷局、一九九八、『中学校学習指導要領』大蔵省印刷局、一九九八、『高等学校学習指導要領』大蔵省印刷局、一九九九。

第3講

ソクラテス的センス

これまでにみてきたように、哲学というものは本来、国家や政治と対立するものとして登場した。そうした哲学の最初の体現者はソクラテスであった。ソクラテスは哲学と政治の対立、緊張関係を前提にしたうえで、両者の間の対等な抑制と均衡の関係を考えていた。しかしソクラテスの刑死後、ポリスの政治に絶望したプラトンは、哲学による政治の支配を追求するようになる。

ここで注目したいのは、政治に絶望したプラトンとは異なり、プラトンの師のソクラテスは政治との緊張関係を前提としつつも政治に絶望せず、むしろ政治と対立しつつもその政治を育てようとした点である。この点に、ソクラテス的センスの核心がある。政治的判断力を育てる教育を実現するためには、このソクラテス的センスをもった教師のあり方というものを、あらためて見直してみる必要があるのではないだろうか。本講ではこのことを考えたい。そのためにまず、ソクラテスが生きた時代の政治について考えてみることにしよう。

古代アテネの民主主義

ソクラテスが生きた時代（B.C.469-B.C.399）の古代ギリシアのアテネというポリス（都市国家）における政治というのは、市民が直接政治に参加して、そこで市民同士が議論をして物事を決めていくという直接民主主義、参加民主主義であった。いまの学校でいえば、生徒会活動や生徒総会のイメージが、参加者全員に発言権、議決権があるという点で、古代ギリシアの参加民主主義のイメージに近いといえるかもしれない。

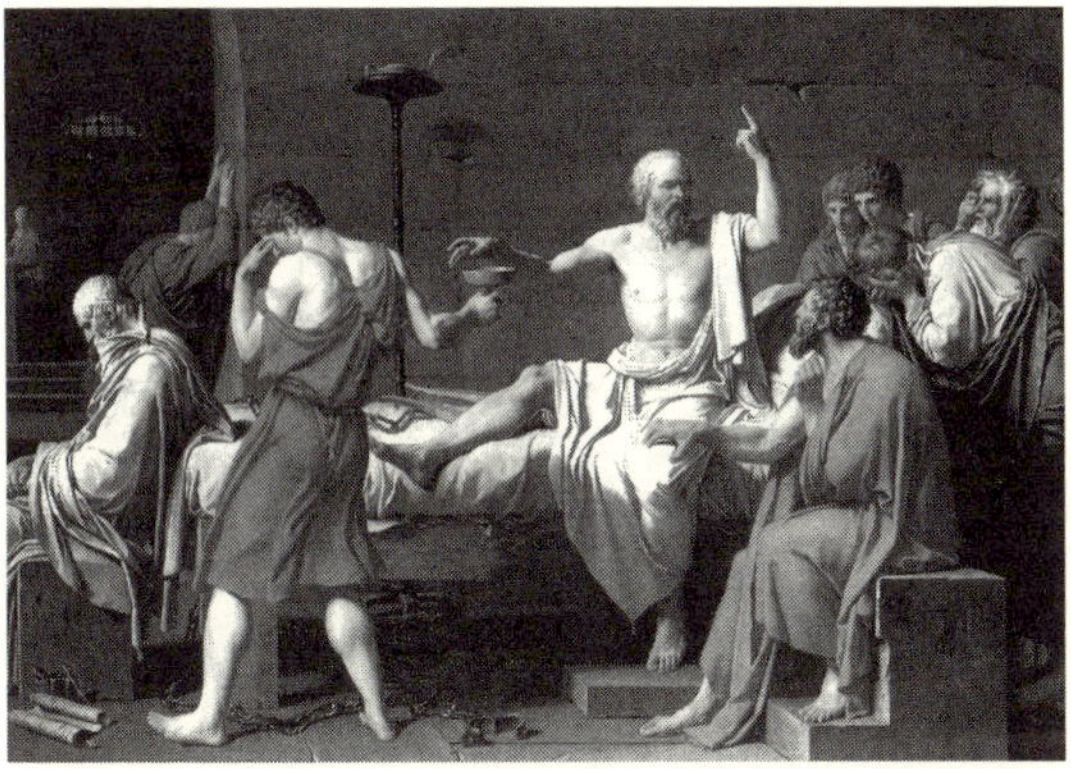

ソクラテスの死

哲学と政治の関係についてソクラテスは、プラトンがいう哲人王のように哲学が政治を支配すればよいと考えていたわけではなかった。むしろ、ソクラテス自身は非常に忠実なアテネの市民で、アテネで決まったことには忠実に従う人であった。だからこそ彼は、自分に対する死刑判決をも受け入れて、弟子や友人たちの制止を振り切って毒を飲んで死ぬわけである。(1)

つまり、ソクラテスが考えていた哲学というのは、決して民主主義的な政治を否定するものではなく、むしろ民主主義的な政治を豊かにし、活性化させるためのものだった。だからこそ、彼は政治が腐敗したり堕落したりすることを防ごうとしたのだ。

ソフィストとの論争

ソクラテスという人は、教師のモデルだともいわれている。教育哲学の授業は、ソクラテスの産婆術（対話による真理探究）の話から始められることが多い。

ソクラテスが生きた当時のアテネでは、ソフィストと呼ばれる一群の知識人たちが活躍していた。ソフィストという言葉は、倫理や哲学の教科書などでは詭弁家といった悪い意味で使われることもあるが、もともとの意味は「知恵のある人」という意味で、自らを「知恵のある人」と自称する人々がソフィストたちであった。彼らもある意味で教師のモデルの一つだった。

当時のアテネは直接民主制だったから、アテネ市民にとって政治的に自分の意見をいかにして多くの人々に説得的に伝えることができるか、主張を通せるかということは重要な関心事であった。そこで弁論術、レトリックの技術がもてはやされることとなった。いまでいうと、演説やディベート術のようなものである。この弁論術、レトリックを教えることが当時のアテネの教育、政治教育の支配的な流れで、それを代表していたのがソフィストと呼ばれた一群の弁論術、レトリックの教師たちであった。

こうしたソフィストの代表的な人物としては、「人間は万物の尺度である」という有名な言葉を残したプロタゴラス（Protagoras B.C.487-B.C.420）という人がいる。古代ギリシアの民主制においてソフィストたちの果たした役割を評価する思想史家の関曠野は、以下のように述べる。

「プロタゴラスの挑戦は、貴族に対するギリシア的民衆教育者の伝統的な闘争を総括するものとして出現し、包括的で革命的な原理として前五世紀のポリスの民主制の理論的支柱となった。[2]」

ポリスの民主制では、市民が討論し、そこで決められたことは万物の尺度になりうる、そういう民主主義の政治に対する絶対的な信頼が存在し、それが、ソフィストたちの活躍の基盤となっていたのである。

ソクラテスもまた、民主制の受容という点ではソフィストたちと前提を共有する。しかし彼は、ソフィストたちがポリスの中で政治的に自分の意見にどうやって説得力をもたせるかということのみを目的として、知識の内容を問わずに弁論やレトリックの技術だけを教育することを強く批判した。それはソクラテスが民主制の堕落を危惧したからにほかならない。

ソクラテスは「無知の知」といって、自分が知らないということを知ることが重要なんだといっているが、それはある意味で、「人間は万物の尺度である」といって人間による世界の構築を全面肯定したプロタゴラスに対する全面批判であるということもできる。(3) こうしてソクラテスは「なぜ?」、「どういう根拠で?」という問いを投げかけながら、当時のアテネで通用していたさまざまなルールとか常識といったものをことごとくひっくりかえしていく。

ソクラテスの産婆術は、対話を重視するという点では、一見ソフィストたちの弁論術とも似ている。だが、ソクラテスの対話は説得を目的とするものではなく、むしろ先入観を排して真理を追究するためのものだったという点で、ソフィストたちのそれとは本質的に異なるものである。また他方では、真理の高みからポリスの政治を見下し、支配しようとするプラトン的な姿勢とも異なるものであった。

現代の政治思想家ハンナ・アレントはそうしたソクラテスの姿勢を再評価し、以下のように特徴づけている。

「ソクラテスは、市民各自に彼らの真理を産出させる努力によって、都市をより真実なものたらしめようと願った。このことを遂行する方法が「問答法」、すなわち、最後まで論議し合う手法にほかならず、この問答法は、「偏見(ドクサ)」、つまりオピニオンを破壊することによって真理を生み出すのではなく、反対に「偏見(ドクサ)」をそれ自身の真実な姿において開示するのである。そこで哲学者の役割は、都市を支配することにあるのではなく、都市に対して虫のアブのようなノイズの役割を果たすことにこそある。[4]」

つまりソクラテスは、政治の世界に埋没するソフィストたちとも、哲学の世界の高みにたつプラトンとも異なり、政治と哲学の両者の緊張関係を前提としながら、両者を媒介しようとしたのである。そこで哲学者は、都市国家を支配する哲人王ではなく、都市国家に対してノイズの役割を果たすような存在として位置づけられている。この点に、ソクラテスの哲学的思考の独自性がある。[5]

このようなソクラテス的な姿勢は、今日の学校の教育課程、カリキュラムのあり方を考え直し、それを改革していくうえでも参考になるのではないだろうか。すなわち、従来の学校カリキュラムの構造の中心をなすのは知識としての教科であり、それはちょうど古代ギリシアにおける哲学（真理）に対応する。それに対して教科外の特別活動における生徒会活動や学校行事はポリスの政治（説得）に近いものを含んでいることは先に見た通りである。

いまの学校は、この教科と教科外活動の両者が切り離されたままで、しかも前者が中心で優位をなすものとしてとらえられ、後者はあくまでも特別な領域としてみなされ、あまり重視されない傾向がある。それが、市民としての政治的判断力の教育を妨げてきた。ソクラテス的な姿勢は、この両者を対等な関係に位置づけなおし、それを架橋、媒介することによって、そうした状況を変えていくためのヒントになるのではないだろうか。そしてその際、この教科と教科外とを媒介するために、「総合的な学習の時間」を利用することも不可能ではないのではないだろうか。もちろんそのためには、教師自身がプラトン的な絶望をのりこえ、ソクラテス的センスを身につける必要があるのだが。

現場主義に居直るのは危険

ではどうしたら、ソクラテス的センスをもった教師が養成されるのかが問題となる。そのための一つの条件は、現場主義に居直らないということである。

ソクラテス的なセンスと教養をもった優れた教師はいまの学校にすでに少なからず存在している。しかしその一方で、哲学的な問いや理論的な問題に対してシニカルな態度をとる教師、場合によってはそうした哲学や理論を軽んじたり冷笑的に見る傾向が、一部ではあるが存在することもまた事実である。これは、現場のことが第一であって、抽象的な理論や哲学は役に立たないものとみなす、ある種の現場主義からもたらされる発想である。しかし、そういう教師のシニシズム（冷笑的態度）は、ソクラテス的センスを阻害し、ソフィスト的なものの堕落形態とつながる危険性をうちに含んでいる。
こうした現場主義への居直りというべき状況が一部の教師に見られるということは、一九七〇年代以降、教師が自分が真理の代弁者であるという自負をもつことができなくなってきたということとも関係している。このことは単なる社会状況の変化にも、教師の意識の変化にも帰すことのできない、より思想的な問題に根をもつものである。それは、啓蒙的理性のゆらぎということに関連している。そこで次講ではこの問題を取り上げることにしたい。

【注】

(1)「悪法も法なり」という格言で知られるこの故事については、プラトン『ソクラテスの弁明　クリトン』(岩波文庫、一九六四)所収の「クリトン」を参照。
(2) 関曠野『プラトンと資本主義』北斗出版、一九九六、一一五頁。
(3) プロタゴラスとソクラテスとの論争については、プラトン『プロタゴラス』(岩波文庫、一九八八)を参照。
(4) Arendt,H., "Philosophy and Politics", *Social Research*, Vol.57, No.1, 1990,p.81.(千葉眞訳「哲学と政治」『現代思想』一九九七年七月号、九四頁)。
(5) プラトンの弟子のアリストテレス(Aristoteles　B.C.384-B.C.322)はプラトンの哲人王の理論とは異なり、よりポリスの現実政治に密着した政治学を構築しようとした。ただ、それがプラトン的な絶望を乗りこえうるものであったのかどうかについては、現代の思想家の間でも論争がある。この点について前述のアレントは懐疑的で、だからこそ、ソクラテスの独自性が強調されている。

第４講

啓蒙的理性と教師像

フランス革命と「啓蒙」の誕生

ソクラテス的センス、ソクラテス的批判精神というものがプラトン以降失われていって、哲学が政治を支配する、あるいは言い方を変えれば、ロゴス（理性）やイデア（観念）によって社会や国家を支配、指導するというあり方が支配的になっていった。このことは、実は古代ギリシアの事件であるというだけにとどまらず、それ以降の近代の西欧世界、そしてその影響を受けた私たちが生活をしているこの現代社会の教育や政治のあり方を、今なお支配している傾向であるといえる。この傾向の近代的な思想形態が、啓蒙思想にほかならない。

「啓蒙」という言葉が、現在使われているような意味で登場するのは近代になってからで、時代的には一八世紀からである。産業革命によっていわゆる資本主義社会が成立する時代に、啓蒙思想というのが登場してくるわけである。

啓蒙思想の代表的な思想家としては、『人間精神進歩の史的素描』という本を書いたコンドルセ（Condorcet 1743-1794）という人物がいる。コンドルセは、教育学などの教科書にもよく登場するので、名前を聞いたことのある人も多いかもしれない。コンドルセは、フランス革命（一七八九）の理論家、イデオローグとして、革命によって新しくつくられる国家の教育（公教育）がどういうものであるべきかということについて、教育改革の政策立案をした人物である。公教育としての学校教育の問題を考えるとき、コンドルセという人物は鍵になる存在である。

フランス革命期には、コンドルセだけでなく、彼と対立するモンターニュ派のルペルチェ（Lepeletier 1760-1793）をはじめ、さまざまな公教育の構想が競合し、それらは多かれ少なかれ今日のわれわれの公教育に影響を与えている。[1]そのなかでも特にここでコンドルセに注目するのは、以下にみるように、彼の思想が現代公教育の啓蒙主義的な側面を典型的な形で規定するものとなっているからである。

コンドルセの教育改革

コンドルセの思想は、大きくいうと次の二点で、今日の教育に大きな影響を与えている。

一つは、公教育というものが歴史の進歩をになう存在でなければならないということ、そのためには公教育において歴史の進歩をになう学問、すなわち近代科学を教えなければならないということ、そして「そこでの教育は、知育を中心とし、宗教＝道徳の教育は、両親の自由にまかせらるべきものと考えられた」という点である。つまり、コンドルセは、公教育のカリキュラムでは規律とか道徳、宗教よりも学問の教育（知育）を第一にしなければならないということを主張した。

もう一つは、「子どもの成長・発達の権利と、その実質を保障する学習の権利は、子どもの権利の中核をなす」という近代人権思想の文脈で、「この子どもの権利は、コンドルセにおいては『進歩《プログレ》』の歴史哲学と結びついて、『新しい世代の権利』として表現された」という点である。[2] つまり、教育というのは新しい世代を育てることだ、ということである。どうして教育が新しい世代ということと結び付くかというと、それは彼の進歩主義という歴史観とかかわっている。つまり、新しい世代は、歴史の進歩の体現者だというのである。だから、歴史の進歩の体現者である新しい世代を学校教育において作り出さなければならないと彼は考えた。

こうしたコンドルセ的な考え方は、近代以降の学校教育に非常に大きな影響を与えた。そしてそれは、科学の教育、学問の教育であるという点で、プラトン以来の哲学や理性、ロゴスによる政治や社会の支配という枠組みを、近代的な形で受け継ぐものでもあったのである。

なお、コンドルセの残した教育改革案は、彼の生きた時代には実現はしていない。なぜならば、彼の属した党派が政権をとっていた期間が短かったためである。彼の所属していたのはジロンド派であったが、より急進的なモンターニュ派に政権を奪われる。ジロンド派の幹部だったコンドルセは投獄され、獄死してしまった。

結局、彼の教育改革案の一部が活かされるようになったのは、それから百年ほど後、フランスに第三共和制が成立し、義務教育制度が始まってからであった。

啓蒙主義の影響

コンドルセに代表されるこうした啓蒙主義の特徴は、教育の言説を根強く支配している。なによりもまず、それは大学の教職課程のカリキュラムに反映されている。

教職課程のカリキュラムは、教科に関する科目と、教職に関する科目の二つの要素から成り立っている。教員採用試験も基本的にはそれと同じ枠組みで出題されている。そして、前者の教科に関する科目は数学、理科、社会科など各教科の専門性を扱うもので、科学、すなわちコンドルセのいう近代的な学問に対応する。また、後者の教職に関する科目というのは、主として子どもの発達に関する教育学のことであるが、これはコンドルセのいう新しい世代をつくることにつながる。

だから、教員に求められる資質として、現行の教員免許法では学問を身につけていることと、子どもの発達を認識してその発達にふさわしい教育実践ができることの二つが想定されているわけであるが、これはまさにコンドルセ的な考え方なのだ。

このようにみると、フランス革命とは、今日の私たちが生きている社会や政治、学校教育の仕組みを思想のレベルで決定付けている重要な事件だったともいえる。

目的としてのユートピア

この啓蒙思想の重要な特徴の一つとしては、ユートピア主義を挙げることができる。その背景には、今日より明日、現在よりも未来の方がよい社会になるはずだという前提がある。

この未来が現在よりもいいはずだという前提は、先に述べたコンドルセに典型的な、進歩主義という歴史観に支えられている。この進歩主義的歴史観では、私たちのいまだ経験していない、現在よりもよい社会、すばらしい社会が未来に想定される。それが広い意味でのユートピア思想に結び付いていく。

ユートピア思想そのものは、近代の啓蒙主義からうまれたものではなくて、近代以前のルネサンスの時代からあった。たとえば一六世紀初頭に書かれたトマス・モア（More,Thomas 1478-1535）の『ユートピア』は、ユートピア思想の端緒をひらいた作品として有名である。

ルネサンスとは、一五世紀のイタリアで全盛を迎えた思想、芸術の運動で、カトリック教会に支配されていたヨーロッパ中世の神中心の世界を、人間中心の世界に転換しようという、人文主義（ヒューマニズム）の思想にもとづいていた。このルネサンスは、ドイツのルター（Luther, Martin 1483-1546）らに指導された宗教改革とともに、それまでカトリック教会に独占されてきた世界認識の方法を民衆に解放、拡大することに貢献し、その意味で、民衆教育としての近代公教育の思想を準備するものであったことは事実である。[3]

しかし、ルネサンスや宗教改革が必ずしも直接的に近代の進歩主義的啓蒙思想をもたらしたわけではない。たとえば前述のモアにおけるユートピアは、あくまでも空間的にここには存在しないという意味での理想郷としてのユートピアであって、時間的に未来に実現されるべき目的としてユートピアが把握されていたわけではなかった。ユートピアを来たるべき未来社会のイメージと結び付けるという発想は、一八世紀以降の近代に特有のものなのである。

つまり、ユートピアに向けて私たちが子どもを教育していくという形で、一八世紀以降はユートピアの実現が教育の目的として位置づけられていく。ここに私たちは、近代の啓蒙主義教育思想の一つの重要な特徴を見いだすことができる。そこでは子ども、あるいは教育される対象は、ユートピアの理念を体現する存在としてとらえられることになる。[4]

このようなユートピア主義的歴史観は、啓蒙主義者といわれる人たちには共有されていた。それをさらに受け継いだのが、共産主義思想を確立したマルクス（Marx, Karl　1818-1883）であるということができよう。啓蒙主義とマルクス主義を結ぶ線は、歴史の進歩や発展とユートピアの創造とを時間論的に結び付けているということができるが、このマルクス主義をめぐる問題については、第

10講であらためてまた考えることにしたい。

二つの教師像

コンドルセに代表されるような進歩主義的啓蒙思想は、日本の戦後教育学にも大きな影響を与えた。たとえば、戦後の日本で活躍した宗像誠也（一九〇八‐一九七〇）という教育学者がいた。宗像は、コンドルセに依拠して、教師は「真理の代理者」だと説いた。また、宗像説を発展させて、堀尾輝久（一九三三‐）は、教師とは「子どもや青年の人間的成長をたすけ、その学習の権利の内実を充足させることを基本的な任務としている」というもう一つのとらえ方を示した。(5)

真理の代理者（エイジェント）としての教師、子どもの学習権を保障する存在としての教師、この二つの教師像が戦後の日本の教師像を強く規定してきた。この二つが結果としては、コンドルセの公教育の理念である、学問を教えることと未来の世代を育てることのそれぞれの系譜につらなることは明らかである。このように、コンドルセ的な啓蒙思想は、戦後日本の教育思想にも大きな影響を与えているのである。

コンドルセ的な啓蒙主義の考え方は、進歩主義の歴史観に依拠したものであるから、社会が発展している時代、産業革命以降の産業文明が発展していく時代においては、一定のリアリティをもちえた。それは、生産力が上がり、農業中心の社会から工業中心の社会へと転換していく時代、経済成長が続いている右肩上がりの時代であり、日本では戦後の高度成長期がまさにそういう時代であった。

そういう時代においては、学校という存在は社会進歩の先進基地としての役割をにない、地域社会の一歩先をいく存在としてとらえられた。そういう学校のイメージが啓蒙思想の前提をなしていた。日本でもある時期までは、学校はたしかにそういう存在であった。だから、真理の代理者（エイジェント）としての教師、子どもの学習権を保障する存在としての教師という教師像もリアリティをもちえたのである。

高度成長期の教育の構図

右肩上がりの時代の教師やその教育実践を象徴するいろいろな文学作品やルポルタージュ、教育実践の記録があるが、無着成恭の『山びこ学校』（初版一九五一）は、その代表的なものである。[6] 無着は村の因習に抗して進歩的な教育実践をしようとするが、そのことによって村の人々と対立する。伝統的な共同体と進歩を体現しようとする教師との葛藤、対立の典型的なあり方をそこに見いだすことができる。結局、無着は村を出て、東京の教師になる。

このエピソードで興味深いのは、彼と対立したのはあくまでも村の大人たちだったという点である。彼は、必ずしも生徒たちと対立したわけではなかった。つい数年前に無着が久しぶりに村を再訪するというテレビ・ドキュメンタリー番組が放映された。当時の教え子たちも、もう老人になっていたが、無着に再会して、先生、先生と、とても懐かしそうにしていたのが見る者の涙をさそい、たいへん印象的であった。

この場面はまさに、近代の啓蒙主義を象徴しているものだといえるのではないだろうか。つまり、教師は子どもを歴史の進歩の担い手としてみているわけだから、子どもとは積極的なかかわりをもつことができる。他方、共同体を代表する大人たちは「遅れた」存在であって、進歩を目指す教師とは対立せざるをえない、というわけである。

壺井栄の小説『二十四の瞳』に登場する主人公の大石先生についても、同様のことがいえる。戦前の香川県小豆島では、大石先生の進歩的教育は親たち、大人たちから眉をひそめられていたが、戦後、同窓会で戦争を生き延びた元教え子たちと感動の再会を果たすこととなる。こうした教師たちに共通しているのは、親、または地域共同体とは対立するけれども、生徒、未来の可能性を秘めた存在としての子どもとは対立しない、そういう構図である。

これらの物語は、あくまでも社会が近代化される右肩上がりの時代のなかで、はじめてリアリティをもちえたという面がある。『山びこ学校』や『二十四の瞳』はその意味で、決して普遍的なものではなく、近代の教師像を支えた歴史的フィクションであった。

経済成長が止まったのは、グローバルにいうと一九七〇年代の初めであった。ただ、日本はバブル景気によって、一九八〇年代までは啓蒙主義的進歩史観を引きずっていた。しかし、バブル崩壊後、経済成長の終焉とともに、進歩主義的啓蒙主義はリアリティをもちえなくなってしまった。思想的にはいわゆるポストモダン状況が到来したのであるが、それについては、また次講で考えてみることにしよう。

【注】

(1) コンドルセを含むフランス革命期の公教育思想については、『フランス革命期の公教育論』(阪上孝編訳、岩波文庫、二〇〇〇)を参照されたい。

(2) 堀尾輝久『現代教育の思想と構造』岩波書店、一九七一、二九七〜二九九頁。とはいえ、コンドルセにはこのような進歩主義的啓蒙主義に還元されない別の可能性、すなわち啓蒙の別の顔(第6講を参照)があったのではないかという評価もある。この点はあらためて議論する必要があるが、ひとつの試みとして以下を参照。田原宏人「不平等を馴らす―コンドルセの場合―」『フランス教育学会紀要』第七号、一九九五。

（3）この文脈では、イタリア人文主義の影響をうけ、宗教改革以後の争乱（宗教戦争）の調停のためにフランスで格闘したモンテーニュ（Montaigne 1533-1592）の教育思想、チェコの宗教改革者で教育の民衆への解放をめざしたコメニウス（Comenius 1592-1670）の教育思想は重要である。ルネサンスや宗教改革の教育思想のもつ近代啓蒙主義に還元されない側面に注目し、その意義を評価する著作としては、関曠野『みんなのための教育改革』（太郎次郎社、二〇〇〇）が参考になる。

（4）森田伸子「子どもとユートピア」『窓』二二号、一九九四。ここで森田は、一八世紀以降の近代における進歩主義とロマン主義の結合に注目している。

（5）宗像誠也『教育と教育政策』岩波書店、一九六一、九四頁。堀尾輝久前掲書、三二六頁。

（6）無着成恭は、後にラジオ番組「こども電話相談室」の回答者としても有名になったが、彼が青年時代に山形県の中学教師として任地の山村で奮闘し、生徒と共に作った文集を一九五一年に本として出版したのが『山びこ学校』である。同書はベストセラーになり、映画化もされた。特に、戦前の生活綴方教育を戦後に復興させようとしていた当時の教師たちに、大きな感銘と影響を与えた。生活綴方教育とは、子どもが日々の生活のなかで見たり感じたり考えたりしたことを文章に綴らせる教育実践方法で、戦前の日本の教師たちがつくり出した独自の教育実践である。詳しくは、無着成恭『山びこ学校』（岩波文庫、一九九五）、佐野眞一『遠い「山びこ」――無着成恭と教え子たちの四十年』（文藝春秋社、一九九二）を参照されたい。

第 5 講

シニシズムという問題

外部の喪失

前講では、日本の教育学にも大きな影響を与えたコンドルセの思想を例にとりながら、啓蒙主義は社会が発展している時代にリアリティをもちえた思想であり、日本ではバブル崩壊後、リアリティをもちえなくなったことを述べた。

コンドルセの思想がなぜ日本の教育に大きな影響を与えたかといえば、一人一人の子どもの発達に即して進歩を語ることができたからである。つまり、自分の人生を自分で選び取って、今よりもいい生活を実現することができる、そのためには学校で学力を上げてよりよい上級学校に進み、いい会社に就職することが自分にとって意味のあることだという考え方が、一定のリアリティをもちえた。その意味では、大衆化された「立身出世」という考え方にコンドルセ的な考え方が一致したということもできる。

ところで、社会の進歩とは、単なる経済成長、つまり経済的なパイが拡大して各人の収入が増えて豊かになるというだけではなく、思想的な視点からみれば「外部」というものを想定できたということでもある。つまり、経済が成長していくということは、今まだ存在していないよりよいものが「どこか」に存在し、そこに将来到達可能であると信じられるということである。その「どこか」

は、今現在の日常生活のなかにはまだ存在していないものであるという意味で、今現在の私たちの日常生活にとっては時間的・空間的な「外部」であるとみなすことができる。

啓蒙主義、特にコンドルセ的な啓蒙主義においては、外部の存在とそこへの接近可能性が歴史の進歩という形で保証されていた。外部の存在を信じられるということは、私たちの日常生活から一歩外に出て物事を考える、高所から現象を鳥瞰することが可能であるということであり、そうすることで科学的な理性を獲得することができると想定されていた。

だから、逆に言うと、経済成長が行き詰まるということは、ただ単に生産力が低下し、所得が伸びなくなるだけではなく、この外部がなくなることでもある。それは、私たちが、自らの生きている今ここの状況の外に出て、大所高所から物事を鳥瞰することができなくなるということである。こうして、啓蒙的理性の前提条件が崩れはじめる。

経済成長が行き詰まる一九七〇年代以降の思想や哲学は、この外部の喪失とそれによる啓蒙的理性の失効という問題に直面することになる。

シニシズムの問題性

このように、歴史の進歩というところに外部を想定することができなくなってくると、哲学的思考の可能性それ自体に対する懐疑が生まれ、そこから、ソクラテス以前のソフィストの立場に戻るべきだという考え方がでてくる。つまり、現実の外に出ることができないのならば、外に出ることではなく、現実の内部にとどまり、そのなかでいかによりよく生きるかを求めるべきであり、そういう意味での賢さが求められているというわけである。そうした文脈で、近代の哲学があまり評価してこなかったソフィスト的なレトリックであるとか、ソフィスト的な賢さが再評価されるようになる。こうした考えは、現在のポストモダンと呼ばれている思潮のなかではむしろ主流といえるかもしれない。今の現実を思うならば、それもありうる選択肢だ。

ただ、この選択肢には次のような問題がある。すなわち、これでは現状に居直り、ただ現状を追認するだけのシニシズムに陥りはしないか、という問題である。たとえば、社会学者の大澤真幸は、スローターダイク(1)という人の議論をひきながら、次のように述べている。

「シニシズムというのは、自己自身の虚偽性を自覚した虚偽意識なんです。啓蒙された虚偽意識だと言ってもよい。それは、『そんなこと嘘だとわかっているけれども、わざとそうしているんだよ』という態度をとるのです。こういう態度には、啓蒙の戦略にのっとった批判は効かない。(中略)これがスローターダイクがいうところのシニシズムです。(2)」

つまり、ここでのシニシズムとは、外部へ出て普遍性や真理をもとめることが断念され、日常生活内部の規範やルールの虚偽性、フィクション性を自覚しつつ、冷笑的にそこに居直ることである。その意味で、シニシズムにはソフィスト的な価値相対主義と通じる面がある。

教育におけるシニシズム

社会の発展の停滞、外部の喪失、啓蒙的理性の失効という状況を受けて、シニシズム、つまり一種の相対主義が生まれてきたわけである。これが教育においてどういう問題を生じさせるかというと、教師が社会や子ども、あるいは親に対して、啓蒙的理性の担い手として振舞うということが難しくなってくる、できなくなってくるということがある。しかし、それにもかかわらず教師は教師である以上、何らかのかたちで教師である自分を教師として維持することを迫られる。そこでひとつの姿勢として出てくるのが、「教師」という役割やその権力が擬制、すなわちフィクションあるいは虚偽であることを承知しつつも、その擬制をあえて引き受け、そこにある意味で居直ろうとする態度である。これが、教育におけるシニシズムである。

この教師という役割への居直りが、教師が自分の教育実践を啓蒙的理性という裏づけなしに語りだす始まりであったのではないだろうか。そこでは、子どもといかにしてかかわることができるかや、子どもとどういう関係をつくることができるかということだけが教育実践の価値をはかる基準となっていく。それに対して、何が教えられるかや、子どもにとってそれがどういう意味があるのかということは、それ自体としてはあまり問われなくなってくる。そういう教育の内容的なことは抜きにして、子どもといかにうまく関係がとれるかどうかという、教育の方法的なことそれ自体に意味があるという考え方が勢いを得ていく。

したがって、教師が何かをやることで、たとえば子どもたちが授業で活発に発言することができるようになったりすると、そのこと自体が評価されるようになった。子どもが何かをできるようになることが、そのことの意味や内容が棚上げにされたまま、結果だけ評価される、そうした傾向が日本でも一九八〇年代ごろからかなり支配的になってきた。

例を挙げると、八〇年代に全盛を極めた教育技術法則化運動に代表されるような、教育実践における方法重視、ノウハウ重視の傾向がある。(3) 法則化運動の提唱者自身の意図は別としても、この運動にコミットした教師のなかに、シニシズムの傾向が存在していたことは否めないのではないかと思われる。

私たちは、こうした教育におけるシニシズムの問題をどのように見たらよいのだろうか。それを考えるために、いましばらく、シニシズムの思想的な背景を探ってみることにしよう。

シニシズムの背景

一九六〇年代末から七〇年代にかけて、ちょうど啓蒙主義的な理性が揺らぎはじめた時代に、はじめは思想的学問的な場において言われだし、その後教育実践の現場に入っていった考え方に、教師は権力者だという考え方がある。これは、それまでの教師は真理のエイジェントである、あるいは教師は子どもの発達に応答できる存在であるといった考え方に対するアンチテーゼとして出てきたものである。つまり、思想的には明らかに啓蒙主義に対する批判として出てきた考え方である。

この考え方によれば、真理のエイジェントとか子どもの発達とか言いながらも、実際には資本主義という既存の不平等な社会秩序を再生産する権力機構の一端を担っているのが教師ではないか、という批判がなされる。こうした教師の権力性を批判する議論が、一九六〇年代末から七〇年代にかけて、各国で提起された。欧米の再生産論、あるいは再生産理論といわれる議論の流れが、そうした批判を主導した。[4]

日本でも、そうした議論は学界のレベルで議論されただけでなく、実際にその批判をふまえて教育現場において教育実践を展開していこうとする流れも存在した。[5] そうした流れからは、次のような問いが提起される。すなわち、資本主義という既存の不平等な社会秩序を再生産する権力機構の一端を担っているのが教師なのであって、教師はその外部に立つことはできない、そうである以上、再生産過程の内部にとどまり、自らの権力存在性を引き受けることからしか、教育実践は始まらないのではないかという問いである。そこから、真理のエイジェント、子どもの発達に応答する存在としての教師といった教師像へのアンチテーゼとして、権力のエイジェントとしての教師という教師像が導かれる。これは、一九七〇年代以降の啓蒙的理性の揺らぎ、失効という事態をうけた教師自身の自問の結果導出された一つの教師像として、深い意味をもつものであるということができる。

ただ問題は、それが結果的に、教師が権力存在であることに居直るシニシズムを導いた側面もあったのではないかという点にある。そもそもは教師の権力性を批判する論理だったものが、教師は権力者だ、それで何が悪い、というある意味での権力への居直りを正当化する議論に転化しかねない側面もあったのではないかということである。

例えば、子どもに対して管理主義的な生活指導を行なうという場合に、現場感覚としてはそうでもしないと子どもとの関係を作れないという状況が一九八〇年代から九〇年代にかけて出てきている。そうすると、管理しないと子どもとの関係が作れないのだからそれで何が悪いという気持ちが現場の教員のなかに広がっていく。教師とはもともと社会秩序を再生産する権力のエイジェントなんだという議論は、そうした現場感覚に有効な思想的基盤を与えたという側面もある。

いま、学校の教師がおかれている状況をふまえれば、こうしたシニシズムを単純に悪いことだと決め付けることはできないだろう。シニシズムは啓蒙的理性の揺らぎに対するひとつの結果であって、そうした態度からしか子どもとの関係を出発させることができない状況それ自体は、ひとつのリアリティとして存在する。そうである以上、シニシズムの問題が突きつける啓蒙主義の失効という事態は、重く受け止めなければならないだろう。

ただ、その一方で、近代の啓蒙主義といっても単純ではなく、いろいろな側面があることもまた事実である。前講ではコンドルセについて書いたが、啓蒙主義がすべて崩壊してそこにもはや見るべきものはなくなったと言い切ってしまっていいのかどうかという問題もある。つまり、近代思想が追求してきたもののなかに、われわれが本当に継承すべきものがないのか、あらためてもう一度考え直さなければならないだろうということである。そのときのひとつの手がかりとして、最近、いろいろな角度で見直しが始まっているカントの思想がヒントになるかもしれない。次講ではそれを検討したい。

【注】

（1）スロータ－ダイク『シニカル理性批判』（高田珠樹訳、ミネルヴァ書房、一九九六）。スロータ－ダイクは現代ドイツの思想家で、主な著書としては、前掲書のほかに『「人間園」の規則』、『大衆の侮蔑』（邦訳はともに仲正昌樹訳、御茶の水書房）がある。

（2）大澤真幸『戦後の思想空間』ちくま新書、一九九八、二〇九頁

（3）教育技術法則化運動は、優れた指導法を教師が共有できることをめざして、一九八〇年代に小学校教師の向山洋一氏が提唱。

（4）一九六〇年代末から一九七〇年代にかけて、学校が資本主義という既存の社会秩序を再生産する権力機構の末端を担っていることを分析、批判した議論で、フランスのアルチュセール（Althusser, Louis 1918-1990）、ブルデュー（Bourdieu, Pierre 1930-2001）、イギリスのバーンスティン（Bernstein, Basil 1924-2000）、アメリカのボウルズ（Bowles, Samuel 1939-）とギンタス（Gintis, Herbert 1940-）らが有名。詳しくは、『教育思想事典』（勁草書房、二〇〇〇）所収の「再生産論」の項（小玉執筆）、および小玉重夫『教育改革と公共性―ボウルズ＝ギンタスからハンナ・アレントへ』（東京大学出版会、一九九九）を参照。

（5）たとえば、諏訪哲二らの教員グループ、埼玉教育塾（プロ教師の会）の議論を挙げることができる。これについては詳しくは、小玉重夫「戦後教育における教師の権力性批判の系譜」森田尚人・森田伸子・今井康雄編『教育と政治―戦後教育史を読みなおす』（勁草書房、二〇〇三）を参照されたい。

第６講

啓蒙の別の顔

もう一度、啓蒙とは何か、を問う

前講では、啓蒙主義とは近代社会の成長期にリアリティをもちえた思想であって、右肩上がりの成長が終わった今、啓蒙主義はそのリアリティをかつてのようにはもちえなくなったということを、「外部の喪失」と「シニシズム」をキーワードにみてきた。しかし他方で、近代の啓蒙主義といっても単純なものではなく、近代の啓蒙思想が追求してきたもののなかに、われわれが引き継ぐべきものが残されてはいないのか、もう一度考え直さなければならないだろうとも述べた。

そこで本講では、コンドルセらとともに、やはり代表的な啓蒙思想家と目されるカント（Kant, Immanuel 1724-1804）の思想をひとつの手がかりとして、コンドルセ的啓蒙主義とは異なる、啓蒙のもうひとつの側面について考えてみたい。カントは一八世紀に活躍した近代ドイツの哲学者で、その主著『純粋理性批判』、『実践理性批判』、『判断力批判』は、本書でも幾度か言及されるアレント、フーコーなど現代の思想家たちに大きな影響を与えた。[1] 教育思想においても、ペスタロッチ（Pestalozzi 1746-1827）やヘルバルト（Herbart 1776-1841）をはじめとして関連や影響は多大である。[2]

カントといえば、難しい講壇哲学者という印象があるかもしれない。事実、教育思想などに与えた影響にそういう側面があったことは否めない。しかし、カントの思想は、最近ではいろいろな角度からのアクチュアルな見直しが始まっている。例えば、地域通貨論の提唱などを通じ、市場主義の全面肯定とも、共同体への回帰とも異なる、新たな社会倫理の可能性について刺激的な議論を提起している柄谷行人の著書『トランスクリティーク』も「カントとマルクス」という副題を持ち、カントの思想に新しい視点から光を当てている。[3]

そのカントは、『啓蒙とは何か』という、まさにそのものずばりの題名の論文を書いている。その文章は「啓蒙とは、人間が自分の未成年状態から抜けでることである」という定義からはじまる。[4]これはとても重要な指摘だ。つまりカントは、啓蒙とはまさに教育そのものである、といっているわけである。人間が未成年状態から抜けでるということ自体は、私たち現代人から見れば、なにを当たり前のことを言っているんだ、と思われるかもしれない。しかし実は、未成年状態から脱却して大人になるということが思想的にも社会的にも自覚されるようになったのが近代という時代の特徴なのである。

カント

「子ども」は近代の産物

現代フランスの歴史家、フィリップ・アリエスは

『〈子供〉の誕生』という本のなかで、「中世の社会では、子供期という観念は存在していなかった」と指摘している。[5] つまり、近代以前には、子どもが大人になるという観念そのものが、いま、私たちがイメージするような形では存在していなかったのである。

どうしてかというと、近代以前の社会は、いわゆる身分制社会だから、その社会のなかで生きる人にとっては自分が生れ落ちた時点で、将来何になるのか、自分の将来の職業なり地位なりが、かなりの度合いで運命づけられて生まれてくる。そうすると、教育といっても学校に行って勉強するというわけではなくて、それぞれ自分の生れ落ちた社会の同じ身分や仕事をもつ人々からなる共同体に適応していくことが、イコール大人になるということになる。それは、子どもから大人になるということについて、今の私たちが抱くイメージとは、だいぶん異なるものだった。

たとえばアリエスは、一六、一七世紀の社会では「居酒屋やキャバレーは、やくざや売春婦、兵隊、ほっつき歩いている生徒たち、乞食、あらゆる毛色の山師たちが出入りしていた良からぬ場所であった」と述べ、「子供の出入りが禁止されていないように見える居酒屋」の版画を挙げている[6]（次頁図参照）。このように、そこでは大人と子どもの境界は必ずしも明確ではなく、いわば、そこには小さい大人はいても子どもは存在しなかったのである。「子供期という観念」が独自のものとして成立してくるのはそうした身分制秩序とそれにもとづく共同体が崩壊し、近代の家族と学校が成立して以降のことであった。アリエスはこうした歴史をふまえながら、「子供期という観念」は中世には存在しておらず、それが近代の産物であることを明らかにしたのである。

さて、ここでカントのいう、人間が未成年状態から脱して大人になるということを、こういう歴史的な文脈において考えてみよう。そうすると、カントのいう啓蒙とは、身分制秩序とそれにもとづく共同体が崩壊し、将来について何も決定されないで生まれてくる存在である私たちが、にもかかわらず、いかにして大人になるかという難しい問題が人間に突きつけられた、そういう近代という時代の特徴をとらえた概念であったということができるのではないだろうか。そしてこの問題は、いままさに、私たちが教育において日々突きつけられている問題でもあるのである。

居酒屋（『〈子供〉の誕生』より）

前述のアリエスの『〈子供〉の誕生』の研究には、近代が見失ってきた中世の人間関係を豊かなるものと見なし評価しようとするモチーフがあった。その意味でアリエスの研究は、啓蒙的理性が行き詰まりを見せる現代における、近代的子ども観批判としての意味合いを含んでいた。しかし他方で、生まれながらにして将来が決定されている中世の身分制社会に戻るというのは、必ずしも現実的な選択肢ではないのではないかという疑問も残る。そうである以上、将来について何も決定されないで生まれてくる存在である私たちがいかにして大人になるのかという問いは、今なお重要な問いであり続けていることもまた事実である。その意味で、カントの「啓蒙とは何か」という問いかけは、今日の私たちにとってもなお、重要な意味をもっているのではないか。

理性の公的な使用

カントの言おうとしていたことの重要なポイントは、同質集団である共同体のなかに埋没していた人間の生き方が、共同体から解放されて自由になった、そのことをまずは認めようではないかということである。これはカントに限らず、啓蒙主義の思想家に共通する考え方である。そこで、共同体に埋没していた個人が自由になって、自由な個人としての生き方を考えようということになったときに、ひとつはコンドルセのような進歩主義がそれに対する処方箋として考えられた。しかし、それだけが啓蒙の処方箋かというと必ずしもそれだけにくみつくされない別の側面が、カントの思想を見ていくとわかる。その一つは、「理性の公的な使用」という発想である。

「ここで私が理性の公的使用というのは、或る人が学者として、一般の読者全体の前で彼自身の理性を使用することを指している。(7)」

カントが重要視するのはパブリック（公的）である。理性を使用することができる関係は公的な関係なのである。公的関係というのは、自分とは異なる他者と出会う関係であるといえる。これはまさに共同体の外に出る関係である。カントの思想の重要なポイントの一つがこの点にある。

共同体とその外部

共同体の内部というのは、阿吽《あうん》の呼吸という言葉に象徴されるような同質的な人間関係のことであり、そこで人々は他人に対して接する際に、自分の考えていることは他人も同じように考えているだろうと思いがちである。日本の社会の場合には、家族の関係だけではなくて、会社とか地域の人間関係においてもそうした考えや態度をとりがちである。

けれども、実は自分が考えているように他人も考えているとは限らないのが現実である。このような自分の思い通りにならない世界や他者というものが存在するのだという認識がカントにはあったのだと思われる。この認識は、共同体の内部ではなく、共同体の外部という思考を前提にしてはじめて成り立つ認識である。

たとえば柄谷行人は、デカルト（Descartes 1596-1650）的な懐疑に言及し、「疑う主体は、共同体の外部へ出ようとする意志としてのみある」としたうえで、「デカルトは、諸共同体の〝間〟、すなわち交通（コミュニケーション）の場所としての砂漠に立ったのである」という。そして、「われわれが《他者》とよぶものは、コミュニケーション・交換におけるこの危うさを露出させるような他者でなければならない」と述べる(8)。

ここで重要なのは、共同体とその外部との関係は、単に空間的、地理的なイメージでのみとらえられているわけではなく、また、進歩主義のような目的としてのユートピア的イメージでのみとらえられているわけでもないということである。むしろ、共同体の外に出ると言うとき、そこで含意されている重要なポイントは、他者とどう出会うかという点である。地理的な境界線の外にいれば必ず他者だということにはならない。他者を自分と同質なものとして扱う空間はどこであろうと共同体的なのである。ここでいう他者とは、「コミュニケーションの危うさを露出させる」存在、すなわち自分の思い通りならない存在、予測不可能な物事を持ち込む存在である。そうした他者のうちで、いちばん身近なのは、子どもという存在である。

自分の思い通りにはならない他者、自分と同じように考え、同じように行動するとは限らない他者、そういう他者との間で、どうやって公的な人間関係をつくるのかという問題、これが、共同体の崩壊後に近代の社会が本格的に直面した問題であった。この問題に取り組むことは啓蒙主義の思想家の重要な課題であった。そしてカントがこだわっていたのも、まさにそうした問題だったのだと考えられる。この課題は、空間的、地理的な意味での外部、到達すべきユートピアとしての外部が喪失したかに見える現代にあっても失効することはなく、むしろそうした今だからこそ、その袋小路を抜け出すための重要なヒントを与えてくれるのである。

生徒は他者である

以上の課題をふまえて、近代以降の学校教育のなかでの教師と生徒との関係をとらえ直すと、教師と生徒の関係をお互い自分の思い通りにはならない他者同士の関係としてとらえる視点が導き出される。

例えば、コンドルセの場合、彼自身は共同体が解体した後に新しい時代をつくっていこうとしたときに、共同体とは違う教師の新しい役割に気づいていた。コンドルセはそれを子どもの発達に応答できる教師という形で解決しようとした。しかしそれが結果として、教師と生徒の関係は発達とか進歩ということで結びついているという前提を作ることになってしまった。そのため、結局、教師と生徒とが異質な他者同士であるということが気づかれないままになってしまった。したがって、発達や進歩というユートピア的な目的概念を媒介させることなく、教師と生徒の他者としての関係をとらえることが、進歩主義とは異なる筋でカントの啓蒙のモチーフを引き継いでいく可能性につながるのではないかと思われる。

わたしたちはともすれば教師と生徒との権力関係を含む異質な他者性を十分ふまえずに、生徒の視点から学校や社会を見てしまいがちである。そうすると、きわめて安易に、生徒の立場に立つとか、子どもの視点で考えることがよい教師だ、という教師像を描くことにつながる。しかしそれは、あくまでも教育を受ける立場から見た教師像である。そうした教師像をいったんは相対化しないと、いざ、現場に立って、子どもたちと向かい合ったときに、生徒たちが自分とは異質な他者であることにショックを受けて、シニシズムに陥ってしまうのではないだろうか。あるいは、子どものためによかれと思ってやることが、かえって子どもを傷つけてしまうことになるのではないだろうか。

だからこそ、そうならないために、教師になる前に、教師の視点に立って教育について考えておく必要がある。教師の視点に立つとは、子どもの視点を否定することでも教師の立場に居直ることでもなく、子どもを他者としてとらえることなのである。

【注】

（1）入門書としては、坂部恵『カント』（講談社学術文庫、二〇〇一）などがある。

（2）ペスタロッチはスイスの教育家で、シュタンツの孤児院での教育実践をもとに教授法を発展させて、その後の近代教育思想の展開に大きな影響を与えた。ヘルバルトはドイツの教育哲学者で、ペスタロッチの影響も受けつつ、独自の教授法や教員養成論、さらにその哲学的な基礎づけを展開した。ヘルバルトの思想はツィラー（Ziller 1817-1882）やライン（Rein 1847-1927）らのヘルバルト学派によって改変を加えつつ継承され、それがハウスクネヒト（Hausknecht 1853-1927）や谷本富（一八六七 - 一九四六）により日本にも紹介されて日本の教育学の形成に影響をおよぼした。ヘルバルトについては本書の第8講も参照されたい。

（3）柄谷行人『トランスクリティーク』批評空間、二〇〇一。

（4）カント『啓蒙とは何か 他4篇』篠田英雄訳、岩波書店、一九七四、七頁。

（5）フィリップ・アリエス『〈子供〉の誕生』杉山光信・杉山美恵子訳、みすず書房、一九八〇、一二三頁。

（6）前掲書、三六七頁。

（7）カント前掲書、一〇～一一頁

（8）柄谷行人『探究Ⅰ』講談社、一九八六、一〇～一一頁、四〇頁。

第7講

ルソーと近代教育

戦後の高度成長期の終焉とともに、従来の進歩主義的教師像、すなわち社会進歩の担い手であり、子どもの発達に応答できる存在であるという教師像に、揺らぎが見られるようになっていく。そうしたなかで、教師が従来の教師像を前提にして子どもや地域社会との関係を作ろうとしてもなかなかうまくいかない、という事態が起きている。いま議論されている学力問題、学校やクラスの「荒れ」の問題、不登校の問題等々は、政策の是非や教師の指導力の問題である以前に、このような揺らぎの結果として、すなわち、近代の学校や教師がおかれている構造的な位置づけの変化に伴う問題としてとらえることが重要である。

そこで、教育思想の今日的課題として、従来の進歩主義的教師像とは異なる、新しい学校教育のあり方と教師像を考えるという課題が浮上することになる。そのためには、学校制度を生み出してきた近代教育、近代社会のあり方そのものも根本的に考え直さなければならない。

本書の前半では、主として学校の問題に焦点をあてて、この課題に取り組んできた。だが実際には、近代の教育は学校のみによって構成されてきたわけではない。近代化の過程では、主に三つの構成要素が近代教育の担い手として重要な役割を果したと考えられる。

その一つは、いうまでもなく学校である。二つ目は、学校と対になるものとしての家族である。

そして三つ目に国家があげられる。これまでの教育学や教育思想では、あとの二つ、すなわち家族と国家については、必ずしも中心的な位置づけは与えられてはこなかった。だが、近代の教育において家族と国家の果たした役割は、欠かすことのできない重要なものである。新しい学校教育のあり方と教師像を考えるためには、学校や教師を近代の家族や国家との関連においてとらえ直す視点が求められているということができる。

そこで本講ではまず、このうちとくに家族の問題を中心においてみたい。

家族、学校、企業社会のトライアングル

まず、戦後日本の高度成長を支えてきたものは何だったのかということについて、あらためて考えてみたい。高度成長が続いていた時代は、企業によって新規の学卒者が一括採用されるという形で、学校と企業社会が結びついていた。これを学校教育の側から見れば、年功序列的な職場秩序や終身雇用制を特徴とする日本的経営システムのなかで企業に忠誠を尽くして働く人材、いわば企業戦士を養成することで企業の需要に応えてきた。そして、この企業戦士とその予備軍としての受験戦士を支える基地の役割を果たしていたのが、家族にほかならない。

こうした、いわば家族、学校、企業社会という三位一体のトライアングルの構図が、戦後日本社

会の高度成長を支える原動力の一つであった。[1] 一九九〇年代以降、「バブル」経済崩壊後の日本では、何かにつけて「構造改革」ということが議論になることが多いが、それは実は、この家族、学校、企業社会のトライアングルに替わるものをいかにつくるかをめぐる議論にほかならない。つまりそこでは、このトライアングルが高度成長の終焉とともに解体しはじめているという現状認識を前提としているのである。したがって、教育の問題に引きつけていうと、これは近代学校の問題であると同時に近代家族の問題でもある。

家族と学校の組み合わせ

最近の教育問題、例えば、いわゆる「学級崩壊」について学校の先生方と話をすると、それは、家庭で十分なしつけが行なわれていないからだ、という方がいる。ところが、逆に保護者の側からすると、学校の先生に指導力がないという不満がある。このように、家族と学校が双方に責任を転嫁しあっている現状があることは否めない。

しかしながらここでふまえなければならないのは、家族と学校とは相補いあって、近代の教育システムをつくってきたという点である。一八世紀から一九世紀にかけて形成されていく近代教育における家族と学校の相補性について、前講でも取り上げたフィリップ・アリエスは、次のように述べている。

「家庭と学校とは一緒になって、大人たちの世界から子供をひきあげさせた。かつては自由放縦であった学校は、子供たちをしだいに厳格になっていく規律の体制のうちに閉じこめ、この傾向は十八世紀・十九世紀には寄宿生として完全に幽閉してしまうにいたる。家族、教会、モラリスト、それに行政者たちの要請は、かつては大人たちのあいだで子供が享受していた自由を、子供から奪ってしまった。この要請は子供に笞うちや独房をあたえ、もっともひどい条件にさらすような懲罰を課した。けれども、この厳格さも古い時代の無関心さとは異なる意識・感情を表現している。十八世紀以後に社会を支配していくことになる愛の感情がつきまとっている。感情生活のうちにこのように子供期のことが入っていくことが、今日ではマルサス主義としてよく知られている出産コントロールの現象を生じさせたことも、容易に理解される。この現象は、家族が子供を中心に再編成され、家族と社会とのあいだに私生活の壁が形成されるのが完了したまさにその時期に、出現したのである。(2)」

ここでアリエスが指摘するような、一九世紀以降の近代家族と近代学校との相補的な構図が崩れてきた結果として、現在の教育問題がある。その意味で、今の教育問題は、先にも述べたように、近代学校の問題であると同時に近代家族の問題である。学校の側から家族を批判する意見も保護者の側から学校を批判する意見も、両方ともそれに気づいていない。近代の学校教育の危機というのは、同時に近代の家族の危機でもあって、いずれか一方の問題に帰するのではなく、近代家族と近代学校の組み合わせの構造そのものを問い直さなければならないのである。

『エミール』の核心

近代の教育思想においても、学校とともに家族が重要視されていた。アリエスが歴史家として指摘した家族と学校が「大人たちの世界から子供をひきあげさせた」という事態を、思想において表現したものとして、ジャン＝ジャック・ルソー（Rousseau, Jean-Jacques 1712-1778）による近代教育思想の古典『エミール』を挙げることができる。この本のなかでもやはり、教育における家族の重要性が説かれているからである。

ルソーの『エミール』が出版されたのは一七六二年であるが、同じ年に『エミール』とならぶルソーの主著『社会契約論』も出版されている。『エミール』は教育論、『社会契約論』は政治論である。それらが出版された一七六二年は市民革命、いわゆるフランス革命の直前の時代であった。ルソーは市民革命によって新しく生まれる国家や政治のあり方を構想した。その際ルソーは、政治や社会がどうあるべきかということと、そこでの教育はどのようなものになるかということとを、同時に考えていたわけである。

『エミール』は内容豊富な作品であるが、そのなかでもここでの議論とかかわって特に重要なポイントは、一般的で抽象的な人間の教育ということである。それは別の表現でいうと「自然」人の教育ということである。ルソーのことばに耳を傾けてみよう。

ルソー

「社会の秩序のもとでは、すべての地位ははっきりと決められ、人はみなその地位のために教育されなければならない。その地位に向くようにつくられた個人は、その地位を離れるともうなんの役にも立たない人間になる。教育はその人の運命が両親の地位と一致している限りにおいてのみ有効なものとなる。そうでないばあいには生徒にとっていつも有害なものとなる。(中略)

自然の秩序のもとでは、人間はみな平等であって、その共通の天職は人間であることだ。だから、そのために十分に教育された人は、人間に関係のあることならできないはずはない。わたしの生徒を、将来、軍人にしようと、僧侶にしようと、法律家にしようと、それはわたしにはどうでもいいことだ。両親の身分にふさわしいことをするまえに、人間としての生活をするように自然は命じている。生きること、それがわたしの生徒に教えたいと思っている職業だ。

（中略）そこでわたしたちの見方を一般化しなければならない。そしてわたしたちの生徒のうちに、抽象的な人間、人生のあらゆる事件にさらされた人間を考察しなければならない。[3]」

ここでルソーははっきりと、「社会の秩序」と「自然の秩序」を区別し、後者の「自然の秩序のもとでは、人間はみな平等であって、その共通の天職は人間であることだ」としたうえで、この「自然」人の教育という文脈で、「抽象的な人間、人生のあらゆる事件にさらされた人間」の考察という課題を提起する。

社会から子どもを隔離、保護する

このルソー的な「自然」人の教育の意味を考えてみよう。近代以前の社会においては、子どもは既存の社会秩序、身分制度のなかでしか教育されなかった。貴族の子どもは貴族、職人の子どもは職人、農民の子どもは農民になることが当然であったし、教育というのは職人の子どもを職人に、農民の子どもを農民にすることだったのである。大人になるということは、生まれついた身分制秩序に同化していくことと一体のものだと考えられてきた。それをルソーは「社会の秩序」と呼んでいる。

それに対して、近代の市民革命後の社会に求められる教育とは、ルソーの考えでは自然人の教育である。それは「人間であること」を「天職」とする「人間」の教育であり、具体的な身分とか職業の色に染めない、という意味で一般的で抽象的な人間の教育である。

そこでルソーは大人を子どもに近づけてはいけないと説く。社会秩序の色に染めないために、子どもをいわば無菌空間のようなところに隔離、保護して、純粋培養的に教育することを考えた。そのための場として、家庭、家族というものが重要な意味づけを与えられていくようになる。[4]

こうした考え方は、近代の家族や学校を考えるときの重要なポイントである。学校というのは、先にアリエスの言葉にもあったように、大人の世界から子どもを引き離す空間であるから、まさに子どもを大人の世界から隔離し、囲い込む制度なのだ。それによって、子どもには、ルソーの言葉を用いれば「社会の秩序」の教育ではなくて「自然の秩序」の教育が保障されることになる。[5]

私たちの想定する近代家族とは、中世とは違って、働く空間から切り離された空間である。近代家族（家庭）は大人が働いている場所（職場）から隔離されているわけである。生産現場と結びついた生活の中では、大人と区別された純然たる子どもという考え方は育ちにくい。物心ついた頃から、子どもは大人の仕事（家業）の手伝いをさせられるから、不充分ながら労働力と見なされる。しかし、近代の子どもは原則として労働はしないのだ。よく、子どもの仕事というのは勉強することと遊ぶことだといわれるが、そうした観念こそ、近代の市民革命以後の産物なのである。

戦後日本と近代教育

子どもを大人の色に染めず、一般的で抽象的な人間として教育するということは、現実には難しいことである。ところが戦後の日本社会は、ある意味では、近代教育思想を生んだ欧米以上に、この一般的で抽象的な人間の教育を行なった社会なのである。

どういうことかというと、戦後の日本社会は、子どもが自分の将来の職業とかアイデンティティをあまり意識しない教育のあり方を、非常に広範囲に普及させてきた。例えば、一九六〇年代から七〇年代にかけて高校進学率は六〇パーセント台から九〇パーセント台に増加した。そしてその時期に、高校がたくさん新設された。ヨーロッパでは職業高校が多くあるが、日本でも六〇年代初頭の経済政策や教育政策では、職業高校をたくさんつくって、そこで企業で即戦力となるような職業教育を行なうことを想定していた。ところが実際には、普通科の高校が多くつくられた。現在でもなお、「高校」といえば主には普通科の高校をイメージする人が多いのではないだろうか。

どうしてそうなったかというと、一つには、企業の側が新卒者に即戦力を期待してはいなかったということがある。特に大企業では、特定の技能を身につけたスペシャリストよりも、使い回しのきく忠誠能力を備えたジェネラリストが歓迎されたという事情がある。(6)

もう一つは保護者や子ども自身の希望と、それに応えた教師の指導である。つまり、子どもを早い段階で特定の職業とか、特定のアイデンティティに染めたくないという意識が日本の家庭に根強かったということである。また、教師もそうした保護者や子どもの希望に積極的に応えようとした。(7)そこで子どもたちは、偏差値などには関心をもっても、自分が将来何をやりたいか、どんな職業に就きたいかは、高校や大学の段階でもあまり意識的には考えないようになり、結果として、ルソー的な一般的で抽象的な人間の教育を受けて育つことになったのである。

高度経済成長が続いている間は、こうした学校から企業へのコースは、それなりにリアリティをもっていた。そしてそれはルソー的な一般的で抽象的な人間を教育する近代家族と近代学校の連携によって、支えられ、冒頭でも指摘したような家族、学校、企業社会のトライアングルを形成してきたのである。

【注】

（1）家族、学校、企業社会のトライアングルについて詳しくは、拙稿「公教育の構造変容―自由化のパラドクスと『政治』の復権―」（日本教育社会学会『教育社会学研究』第七〇集、二〇〇二）を参照。

（2）フィリップ・アリエス『〈子供〉の誕生』杉山光信・杉山恵美子訳、みすず書房、一九八〇、三八六頁。

（3）ルソー『エミール』今野一雄訳、岩波文庫、上巻、一九六二、三〇～三三頁。

（4）ルソーよりも一世紀近く前、イギリスの市民革命である名誉革命の思想的なリーダーであったジョン・ロック（Locke, John 1632-1704）は、『人間知性論』（原書一六九〇、大槻春彦訳、岩波文庫、全四冊、一九七二-七七）、『教育に関する考察』（原書一六九三、服部知文訳、岩波文庫、一九六七）を著している。これらの著作を通じてロックは、生得観念を否定し子どもを白紙の存在と見なす白紙説を提唱し、それにもとづいて家庭教育論の重要性を説いた。このロックの思想は、身分制秩序に替わる市民社会の教育を構想したという意味ではルソーの問題意識と重なり、その先駆的存在としても位置づけることができる。

（5）そうしたルソー的教育が、女性差別的なジェンダー・バイアスと性別役割分業観にもとづくものであることについては、フェミニズムからの多くの批判的言及がある。たとえば、バダンテールは、「ルソーは、『創世記』の（すなわち偏見の）順序に従って、まずエミールという男の形を作り、その男に伴侶が必要になったときにはじめて女を『出現』させる。ルソーはまず男を、活動的で、強く、勇気があり、知性をもつ存在として長々と定義する。彼は性の違いを『補完』という形でしかとらえていないので、論理的にいって当然、女を受動的な弱い存在と仮定する」と述べる。E・バダンテール『母性という神話』鈴木晶訳、筑摩書房、一九九一、二三〇～二三一頁。

（6）詳しくは、乾彰夫『日本の教育と企業社会』（大月書店、一九九〇）を参照。

（7）苅谷剛彦によれば、高度成長期以降の日本では、「どの子にも能力の無限の可能性がある」ことを肯定し、「能力＝素質決定論を否定する能力＝平等主義は、結果として努力主義を広め、『生まれ』によらずにだれにも教育において成功できるチャンスが与えられていることを強調した」という。苅谷剛彦『大衆教育社会のゆくえ』中央公論社、一九九五、一九〇～一九一頁。

第 8 講

国民教育と市民

大人と子どもの境界線

前講では、戦後日本社会の経済成長を支えてきたのは、家族、学校、企業社会の三位一体のトライアングルであり、この構図が、子どもを大人の世界から家族、学校へと隔離、保護し、ルソー的な「自然人の教育」、「一般的で抽象的な人間の教育」を行なう近代的な教育の制度を成り立たせてきたことをみてきた。

だが、このような近代的な大人と子どもの境界線は、いまかなり揺らいできている。たとえば、子どもの自己決定権ということが議論の対象になるということも、大人と子どもの境界線が揺らいできていることを示すものである。[1] これまでならば、子どもはある年齢までは、大人とは異なり、家族や学校によって保護される存在であるとされ、子どもの自己決定権は否定されていたか、少なくともあまり考慮されなかった。しかしこのような保護と自己決定を分かつはっきりとした年齢の境界線は、いま明らかに揺らぎつつある。

それを日本の文脈でいえば、家族、学校、企業社会のトライアングルの構図が一九九〇年代以降、バブル経済の崩壊とともに揺らぎはじめていることと対応している。それ以前は、日本では基本的に、学校を卒業して企業に就職するということが、大人になるということとほぼ等値されてきた。

つまり、卒業＝就職＝親からの自立＝大人というふうに、子どもから成人へと移行すること、すなわち大人になるということが、家族、学校、企業社会のトライアングルのなかで位置づけられていたのである。

だが、家族、学校、企業社会のトライアングルの動揺とともに、そのなかに位置づけられてきた子どもから成人への移行のシステムもまた、大きく揺らぎつつある。そのあらわれとして、例えば、「荒れる」成人式、「ひきこもり」、少年犯罪における刑事責任をめぐる議論、未成年の性的自己決定権をめぐる議論などを挙げることができる。

「フリーター問題」もその一つだ。学校を卒業してもただちには定職に就かずいろいろな職を移動する、いわゆるフリーターの数が増えているという現象を「問題」ととらえることが妥当かどうかは別として、学校を卒業しても就職先がない、あるいは就職しない若者がいる現実がある。これは、就職＝大人になるという図式が以前のようには確立していない現実を明確に示すものであるということができる。(2)

手に職をつけて職業人として自立できる能力のめやすは、職種によってもかなり違ってくる。たとえば中田英寿選手や松坂大輔投手のように一〇代後半から二〇代前半で一人前の職業人として自立できる職種もあるが、一方で、三〇代や四〇代にならないと一人前とは見なされない職種もある。

このように、一口に大人になるといってもその基準はさまざまで、大人と子どもの境界線はいま大きく揺らいでおり、これは先進諸国共通の問題として自覚化されてきている。

シティズンシップ

この大人と子どもの境界という問題を考える際の一つの視点として最近注目を集めているのが、本書のテーマでもある「シティズンシップ」という概念である。たとえばイギリスでは、一九七〇年代までは福祉国家のもとで、家族（親）との関係から国家との関係への移行が、子どもから大人への移行と結びついてきた。この点についてイギリスの社会学者であるジョーンズとウォーレスは、「シティズンシップという概念は、現代社会における大人の権利と義務というものについて、他のいかなる概念よりも具体的に表現している。われわれは、この枠組みを使って〝成人期への移行〟を考える」としたうえで、この移行について、「離家は、家族という私的世界から公共世界に移ることを表わしている。依存と自立の問題は、さらに目に見えて家族から国家へと移る」と述べている。(3)すなわち、ジョーンズとウォーレスによれば、福祉国家段階でのイギリスでは、学校を卒業し親の保護を離れて自立し、国家との契約関係にはいることによるシティズンシップの獲得が、成人期への移行を画するメルクマールとして機能してきたというのである。これは、奨学金や社会保障など自立をサポートし、親への依存関係を切断するような福祉国家的諸制度によって支えられてきた。

しかし、ジョーンズとウォーレスによれば、一九八〇年代以降、福祉国家の再編によってそうしたシティズンシップの獲得と、それによる成人期への移行が困難になりつつあるという。本書のプロローグでも見たように、八〇年代以降の福祉国家の再編によって、シティズンシップの枠組みも組みかえられようとしているが、ジョーンズとウォーレスはこのシティズンシップの組みかえという論点を、ポスト福祉国家段階における成人期への移行に関する新しい枠組みの模索という文脈に位置づけて議論している。

日本ではこれまでは、成人期への移行とかかわってシティズンシップに注目がなされることは少なかった。それは、家族、学校、企業社会のトライアングルのなかで、社会人になる(=職業人として自立する)ことと大人になるということとがほぼイコールのものとして考えられてきたためであると考えられる。つまり、大人になるとはいったいどういうことなのかということを、国家や公共性との関連でとりたてて議論することがなかったので、成人期への移行を画する概念としてのシティズンシップは根づいてこなかった。だが、上述のような家族、学校、企業社会のトライアングルの動揺によって子どもから成人への移行のシステムが揺らぎつつあるなかで、大人になることがいったいどういうことなのかについての関心が、日本でもようやく高まりつつある。その意味では、日本にもようやく、成人期への移行を画する概念としてのシティズンシップを議論する条件が整いつつあるということができる。

シティズンシップの教育の問題を考えるためには、その前提として、近代教育思想における国民教育の問題をふまえておく必要性がある。日本でのシティズンシップの教育を考えるまえに、まずこの点について確認をしておくことにしよう。

シティズンシップと国民教育

シティズンの邦訳はふつう市民、あるいは公民であるが、場合によっては、国民と訳されることもある。たとえばアメリカの大統領は国民向け演説の冒頭でよく、「マイ　フェロー　シティズンズ（My fellow citizens）」と語りかける。これは、メディアでは一般に「国民の皆さん、」と訳される。この例に典型的なように、シティズンという言葉は、国民とほぼ同義に用いられることがよくある。これは、これまでシティズンシップが「国民」（nation）という概念とあまり区別されずに用いられてきたことを示すものである。

一九世紀に学校教育が公教育として制度化されていくときに、それを根拠づける思想として「国民教育」ということがいわれるようになった。教育思想史で国民教育の問題を論じる際、必ず引き合いに出されるのが、フィヒテ（Fichte 1762-1814）という思想家である。フィヒテはカント哲学の影響を受け、ベルリン大学の初代総長を務めた人物であるが、その彼を有名にしたのが、『ドイツ国民に告ぐ』（一八〇七〜〇八）という連続講演であった。

当時のドイツは、プロイセンなどいくつかの領邦国家に分裂していて統一国家にはなっていなかった。そのため、ドイツはフランスに侵攻されて占領されてしまう。それに危機感を抱いたフィヒテがフランス軍占領下のベルリンで行なった連続講演が『ドイツ国民に告ぐ』であった。そこで彼は、教育によってドイツ国民をつくり、そのドイツ国民によって統一ドイツをつくらなければならないと説いたのである。

演説するフィヒテ

「この講演で提起してきた新たな人類の教育手段は、何よりもまずドイツ人によってドイツ人に対して適用されなければならず、この教育手段はまったく本来的に、そしてまずもって、わが国民にこそふさわしいのです。[4]」

フィヒテにとって国民とは、国家に先立つものであると同時に、ア・プリオリ（先験的）に存在するものではなくて、教育によって作り出さなければならないものであった。つまり、彼は教育が国民と国家をつくると考えたわけである。

フィヒテの思想は、ヘルバルトやフレーベル⑤（Fröbel 1782-1852）ら、近代教育思想の担い手たちにも強く影響を与えた。教育によって国民国家の構成員をいかにつくるかということは、近代教育思想の担い手たちにとって共通の課題であった。そしてそうした思想にもとづきながら、一九世紀後半以降、各国で国民教育制度としての公教育が確立、普及していく。

もちろん、日本も例外ではなく、一八七二年の「学制」発布以降、近代公教育制度が導入され、教育による国民の創出がはかられることになる。ただし、天皇制国家として出発した日本の場合、国民を政治社会の担い手として位置づける認識は脆弱で、むしろ国民は天皇制国家に従属する臣民として位置づけられる傾向が強かった。にもかかわらず、大正デモクラシーの時代以降は、政治学者蝋山政道らによって、国民を臣民としてではなく公民として、すなわち政治社会の担い手として位置づける議論が起こるようになり、公民教育論が展開された⑥。むろん、戦前の天皇制国家日本における国民概念の基軸は臣民という把握にあったが、そこには公民という把握も同時に存在しており、内的な緊張関係があった。この点をふまえておくことは、戦後の展開を考えていくうえでも重要であると思われる。

国家との契約

戦前の日本では、軍国主義のもとで、男性の場合は徴兵検査を受けると「一人前」とみなされたこともあった。これは、国家に対する責任の分担関係にはいること、言い換えれば、天皇制国家に対して忠誠の関係にはいることを意味していた。しかし、戦後の高度成長期以降、国家の存在を前面に出すことが戦後民主主義思想のなかでタブー視され、結果として国家を代替するものとして企業社会が前面にでてきた。企業に就職して会社員になると社会人と呼ばれそれをもって「一人前」とみなす風潮もその表れだといえるだろう。(7)

欧米の場合には、日本ほど国家が後景に退いたわけではなく、上述のジョーンズとウォーレスの指摘にもあるように、福祉国家のもとで家族との関係から国家との関係へ移行することが、子どもから大人への移行と重なるものとしてとらえられてきた。学校を卒業し、親の保護を離れて自立することが、イコール国家との契約関係にはいることだという考え方は、欧米ではかなり一般的な考え方である。このように、欧米の個人と国家との関係は、戦前の日本のような一方的な忠誠関係ではなく、双方的な契約関係である。この関係にあることが大人であることの基準であり、シティズンシップの一つのかたちとして確立してきたと言える。

それに対して日本では、戦前の天皇制から戦後の民主主義に転換したときに、公民教育、市民教育の思想が十分成熟しきらないうちに、高度成長期以降、国家そのものが後景に退いた。福祉国家に替わって企業社会が、子どもの親や家族に対する依存関係を切断するシステムとして機能し、成人期への移行において国家の果たす役割はさほど大きなものではなかった。そのため、シティズンシップという概念が充分に育たなかったのではないかと思われる。

だが、家族、学校、企業社会のトライアングルが崩れてきた現在、わたしたちはあらためて、シティズンシップという概念を正面から考えなければいけない時期が来たのではないだろうか。ただし、今日シティズンシップを考えるうえでは、従来のように国家との契約関係とか、国民という概念とイコールのものとしてとらえる見方は、考え直さなければならないだろう。シティズンシップそのものが、今日大きく再編され、組みかえられようとしているからである。

「国民」を越えて

以上をふまえれば、今日、日本の教育においてシティズンシップを考える際には、二つの問題に同時に取り組む必要がある。

第一の問題は、戦後の日本に固有の問題である。先に述べたように、日本では、個人と国家との関係が戦後民主主義のなかで充分には考えられてこなかったため、国家との関係を引き受けること自体をタブー視する風潮があって、その結果シティズンシップという概念が充分育たなかったという問題である。第二の問題は、各国共通に、いま国民国家が揺らいできている状況のなかで、シティズン＝国民という等式も揺らいできているという問題である。

日本でシティズンシップを考えるとは、この二つの課題を同時に考えることなのである。

例えば、首相の私的諮問機関としてつくられた教育改革国民会議（二〇〇〇）の第一分科会で奉仕活動の義務化が議論された。そこには、戦後民主主義が育ててこなかった個人と国家との関係を再構築しなければならないという問題意識があったことはたしかである。[8]

しかし、この第一分科会の議論で問題なのは、第一に、国家＝国民＝市民という等式が崩れているというグローバルな状況を認識していないこと、第二に、個人と国家との二項対立的な把握を前提に個人が国家に対して義務を果たすという側面に比重をおいて議論され、市民が国家の意思決定に参加しそこで政治的判断力を行使する側面が軽視されている点である。シティズンシップにおいて、市民と国家との関係は二項対立的なものでは必ずしもなく、市民の政治参加それ自体が国家や政治体を構成するという関係を含んでいる。その意味で、国家との関係を引き受けるという課題は、決して戦後民主主義の否定ではなく、むしろその「バージョン・アップ」、あるいは「リハビリテーション」としてとらえられるべきものである。[9]

国民＝市民という等式が崩れている例としては、外国人労働者や難民というかたちで、国籍を異にする人々同士が市民として共存しているという現実がある。たとえば日本でも、在日韓国・朝鮮人やニューカマー中国人、日系南米人など、外国人市民の政治参加をめぐる課題が認識され、議論されている。[10] また、わたしたちが政治的に意志決定をしなければならない問題が、必ずしも国単位の意思決定にのみ帰せられなくなっているという現実もある。地球規模での環境問題にどう対処するか、アフガニスタンの「復興」支援をどうするか、そこでのＮＧＯ（非政府組織）の意義をどう考えるかということなども、その一例である。

次講では、こうした課題を踏まえて、現代のシティズンシップはどうであるべきかについて考えたい。

【注】

（１）この点については、宮台真司『透明な存在の不透明な悪意』（春秋社、一九九七）、小玉重夫「市民性の習熟と自己決定―アメリカのティーンコートプログラムに注目して―」(『高校生活指導』一三六号、青木書店、一九九八)を参照されたい。
(2)耳塚寛明「高卒無業者層の漸増」矢島正見・耳塚寛明編著『変わる若者と職業世界―トランジッションの社会学―』学文社、二〇〇一。乾彰夫「『戦後日本型青年期』とその解体・再編―『学校から仕事へ』の移行過程の変容を中心に」『ポリティーク』第三号、旬報社、二〇〇二。
(3)G・ジョーンズ、C・ウォーレス『若者はなぜ大人になれないのか―家族・国家・シティズンシップ』宮本みち子監訳、新評論、一九九六、一七頁、一六八頁。ジョーンズとウォーレスについては、以下も参照。宮本みち子『若者が《社会的弱者》に転落する』洋泉社、二〇〇二。
(4)フィヒテ「ドイツ国民に告ぐ」細見・上野訳、『国民とは何か』河出書房新社、一九九七、七六頁。
(5)フレーベルはルソーやペスタロッチの影響をうけつつ、近代幼児教育思想を展開し、世界で最初といわれる幼稚園をつくった。
(6)堀尾輝久『天皇制国家と教育』青木書店、一九八七、一九九〜二二〇頁。
(7)戦後民主主義教育が当初から国家をタブー視していたわけではない。一九五〇年代には、戦前からの公民教育論の流れを引き継ぎつつ、政治の担い手をいかに教育するかをめぐる議論、論争が活発に展開されていた。しかし一九六〇年代以降、そうした動きは衰退し、教育の脱政治化が進行していく。この点については、小熊英二『〈民主〉と〈愛国〉―戦後日本のナショナリズムと公共性』(新曜社、二〇〇二)、小玉重夫「戦後教育における教師の権力性批判の系譜」森田尚人・森田伸子・今井康雄編『教育と政治―戦後教育史を読みなおす』(勁草書房、二〇〇三)所収を参照。

(8) 曾野綾子「教育改革国民会議第一分科会報告　日本人へ」『文芸春秋』二〇〇〇年一〇月号。

(9) 後房雄「戦後民主主義のバージョンアップ」山口二郎他『連立政治　同時代の検証』朝日新聞社、一九九七。
大塚英志『戦後民主主義のリハビリテーション ― 論壇でぼくは何を語ったか』角川書店、二〇〇一。

(10) 宮島喬編『外国人市民と政治参加』有信堂、二〇〇〇。

第 9 講

近代的個人の形成と再編

福祉国家的シティズンシップの組みかえ

前講では、国民＝市民という等式が崩れてきた点についてみた。近代国民国家のシティズンシップは、二〇世紀にはT・H・マーシャルがいうように、福祉国家的シティズンシップとして発展してきた。国民国家の揺らぎのなかで、私たちはいま、この福祉国家的シティズンシップをいかに組みかえるかという課題に直面している。本講ではこの点を考えてみたい。

一九七〇年代までの欧米では、国民の生活全体を国家や政府が保障する福祉国家的な政策が展開した。他方、企業社会が福祉国家を代替した戦後日本の場合は、企業が国民の生活の多くの部分を保障してきた。いずれにせよ、二〇世紀の国民国家では、学校を卒業して、国家や会社と契約、雇用関係にはいることによって、その人およびその人の家族の生活が丸ごと保障され、定年以降まで生活が安定する、という前提が程度の差はあれ存在していた。こうした形で、市民として自立するということが、その人の人間としての生活全体を含んだものとして理解されてきた。

このような市民のとらえ方が、福祉国家の再編のなかでどのようになるのかが、ここでの問題となる。ここでまず考えたいのは、学校で教育されるべき市民像の組みかえという点である。その際特に、政治的な自立と職業的な自立の関係に注目したい。

政治的な自立と職業的な自立

これまでの学校教育には、市民としての政治的な自立も職業人としての経済的な自立も、両方とも子どもたちに保障することが期待されてきた。そのことで、学校の機能が肥大化し、教師の仕事に負担を強いてきたことは否めない。そこで、政治的な自立の課題と職業的な自立の課題を、関連しあいながらも相対的には別個の性格をもつものとしていったんは分節化してとらえたうえで、公教育の教師の仕事を、主として政治的な自立の課題に焦点化することを考えるべき時がきたように思われる。

前講で大人と子どもの境界線という問題について検討したが、職業人として経済的に自立できる能力は人それぞれである。業種によっては一〇代、二〇代で独り立ちできる仕事もあれば、三〇代、四〇代になってようやく一人前という業種もある。だから、職業人としての自立をすべての人に画一的に、性急に強いる必要はない。むしろ三〇代、場合によっては四〇代までを含めて、自分探しとキャリア形成の期間、すなわち広い意味での青年期と考えておいた方がよいし、現にそうなりつつある。

もちろん、学校教育が今後も進学や就職、職業準備教育など、職業人としての経済的な自立の援助に重要な役割を果たしていくことは十分に期待できる。だが、この課題を担う機関は決して学校だけに限られるものではなく、高等教育の諸機関や社会教育、NPO（非営利法人）、民間の諸機関やネットワークなど、広く、多様な形で用意されることが望まれる。

他方で、三〇代、四〇代まで青年期で自分探しの旅を続けるにしても、政治の構成員としては、今よりも早い時期にシティズンシップを行使できる方がよいのではないかと思われる。例えば、日本の場合、選挙権を欧米並みに一八歳に引き下げるということは、現状から見ても無理のない課題で、検討すべきことだろう。そして、一八歳までの教育に責任を負う公教育としての学校は、まさにそうした意味での政治的市民の養成をこそ、ある意味での限定的な完成教育として中心的に担うことが求められているのではないだろうか。ここで限定的な完成教育としたのは、それが職業的な自立を含む全人格的な完成教育ではなく、あくまでも政治的な市民の養成に限定されたものであるという意味である。

そこに、これからのシティズンシップの教育の方向性を見いだすことができるのではないだろうか。このことは、人間としての生活全体を含むものとして理解されてきた福祉国家的なシティズンシップのとらえ方を分節的にとらえ直し、組みかえていくことを意味する。

政治的な生と生物学的な生

福祉国家的シティズンシップ論では、シティズンシップは政治的な権利と生存にかかわる権利とを包括するものとしてとらえられてきた。この点とかかわって、現代イタリアの政治哲学者であるジョルジョ・アガンベンは、近代の政治が政治的な生（古代ギリシア語のビオス）と生物学的な生（古代ギリシア語のゾーエー）を一緒にしてとらえていたと述べる。

近代以前には政治的な生と生物学的な生は、必ずしも同一視されていたわけではない。政治的には何の権利ももたない大多数の庶民が、経済活動を行ない、日常生活を過ごしながら生物学的な生を営んでいた。政治的な生と生物学的な生が同一視されたのは思想史的には一九世紀に国民国家が成立し、それが二〇世紀に福祉国家として発展するなかで、国家の国民になるということと、その人の生命が保障されるということが同じものとされるようになって以降である。だからこそ、かつてヒトラーのナチスはユダヤ人を政治的に抹殺するために彼らの生存そのものを抹殺しようとしたのである。

近代以降の政治的な生と生物学的な生の一体化について、アガンベンは次のように批判的にとらえている。

「古典的な政治は、ゾーエー zōē とビオス bios の間、自然な生と政治的な生の間、家の中に居場所をもつ、たんなる生きものとしての人間と、都市《ポリス》に居場所をもつ、政治的主体としての人間の間を、はっきりと区別していた。ところが、われわれにはこの区別がどのようなことなのかがもうまったくわからなくなっている。われわれは、ゾーエーとビオスのいかなる区別もできない。生きている存在としてのわれわれの生物学的な生とわれわれの政治的実存、声のない交流不可能なものと口にしうる交流可能なものとのいかなる区別もできない。(1)」

同様のことをフランスの哲学者ミシェル・フーコー（Foucault 1926-84）は、「生－権力」という概念で表現した。(2) フーコーによれば、近代以前の権力は、生殺与奪の権力、死に対する権力であったが、近代の権力は、むしろ生かす権力である。生命をいかに効率よく活用するかが近代的権力の主要な関心事となったという。この近代の生－権力をフーコーは、さらに二つの側面から特徴づける。一つは人口に対する「生－政治学」の側面であり、もう一つは身体に対する「解剖－政治学」の側面である。

このうちまず生－政治学の側面についていうと、それは具体的には、人口を調節することである。国民に子どもをどれだけ産ませるかが政治的な統制の対象となったことは産業革命を経た近代国民国家の特徴である。富国強兵にしろ、殖産興業にしろ、どれだけの人数を資源として活用できるかに国家が関心を向けたのである。そこから優生学という思想も出てきたし、人口調節の技術も発達した。

子どもを産むということと性的な快楽が結びついたのもちょうどこの時代だとフーコーは指摘している。生殖を含んだ子産み・子育ての問題が、単なる私的な問題でなく、公的、政治的な課題としてもとらえられるようになったのである。

パノプティコンと教育刑

生―権力のもう一つの側面である解剖―政治学は、人間の身体に対する規律訓練の政治を意味する。具体的には、近代的な個人を作り上げていくメカニズムとしての刑罰のあり方があげられる。これについてフーコーは一九世紀イギリスの思想家、ジェレミー・ベンサム（Bentham 1748-1832）の思想に注目している。(3) ベンサムは一九世紀の初めに刑罰の方法の改革についてある提案を行なった。彼が提起したのは、伝統的な応報刑、復讐刑の考え方に代わる、教育刑という考え方である。つまり、罪を犯した囚人は、もう一度まっとうな人間に更生させて世の中に送り出さなければならないと考えたのである。そのためにベンサムは、パノプティコン（一望監視装置）という施設を考案

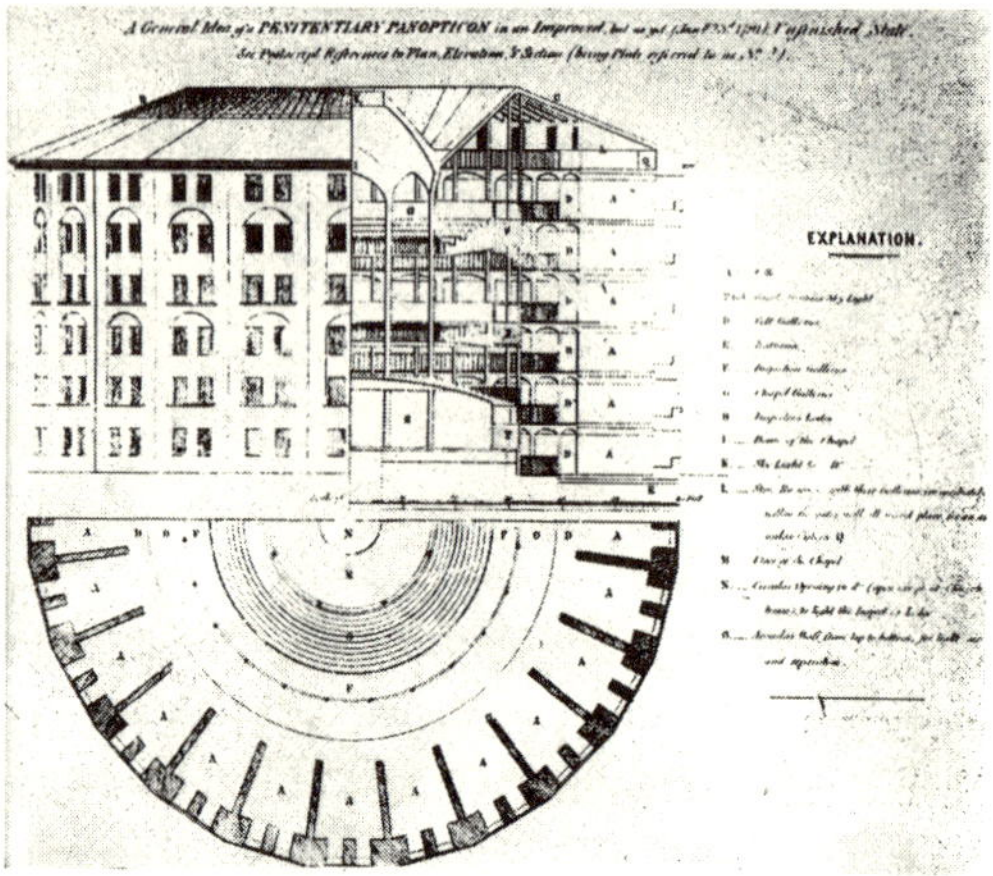

パノプティコン（『監獄の誕生』より）

した。

パノプティコンとは、ちょうど東京ドームのような円形の建物で、中心に監視人の部屋があり、円周に沿って囚人の部屋があるという構造になっている。監視人の部屋からは放射状に配列された囚人の部屋がぐるりと見渡せるようになっている。実はこの施設には一つのカラクリがあって、中央の監視人の部屋と周縁の囚人の部屋との間にマジック・ミラーのようなスクリーンを設置して、監視人の側からは囚人が見えるけれども、囚人の側からは監視人が見えないという仕組みになっているのである。

試験の時に試験官が前にいるときよりも背後にいるときの方が受験者は緊張するといわれるが、それと同じで、囚人から監視人が見えない仕掛けにすると、実際にそこに監視人がいようがいるまいが、囚人は緊張するようになる、見られているかどうかわからないので、油断できないというわけである。緊張を与えることで監視人の視線を囚人の内に内面化していく。そうすることでまっとうな市民として更生させていくことが可能となる、とベンサムは考えた。

自己管理

このようなベンサムの考案した一望監視装置こそ、近代的な権力の性格を典型的に示すものだとフーコーは分析する。

「〈一望監視装置〉は、見る＝見られるという一対の事態を切離す機械仕掛けであって、その円周状の建物の内部では人は完全に見られるが、決して見るわけにはいかず、中央部の塔のなかからは人はいっさいを見るが、けっして見られはしないのである。これは重要な装置だ、なぜならそれは権力を自動的なものにし、権力を没個人化するからである。その権力の本源は、或る人格のなかには存せず、身体・表面・光・視線などの慎重な配置のなかに、そして個々人が掌握される関係をその内的機構が生み出すそうした仕掛のなかに存している。[4]」

近代以前はそれぞれのひとが所属する共同体にそれぞれのルールとその管理者がいて、ルールに背くとサンクションが発動される形になっていた。そこで権力は目に見える形で、たとえば王や領主のように人格化された形で存在していた。だが、近代になって共同体が崩壊した際に、人格化された権力も崩壊し、それに替わる、個人が自分自身を律することができるような非人格化、没個人化された権力の装置として開発されたのが一望監視装置としてのパノプティコンだということができる。

このパノプティコンのモデルは、刑務所だけではなくて、学校、工場、兵営、病院などいろいろなところに適用された。実際、一九世紀の社会改革のなかで学校改革と刑務所改革は連動して位置づけられ、たとえばアメリカで公立学校制度の父といわれるホレース・マン（Mann, 1796-1859）は、「学校を一つ作れば牢獄が一つ閉鎖される」と述べて学校経費への租税支出の意義を説得したといわれている。[5]

このパノプティコンのシステムは、国家が国民の生物学的な生を丸ごと保障するということを前提にしないとなりたたない論理である。つまり、刑期を終え、国民として社会に復帰し生きていけるということが前提になっているわけだ。

法学に「社会権」という言葉がある。人権の歴史は自由権から社会権へと拡大してきたといわれる。これはT・H・マーシャルが、シティズンシップを一八世紀の市民的権利から二〇世紀の社会的、福祉国家的権利への発展として描いた図式とも対応している。この社会的、福祉国家的シティズンシップへの拡大は、ちょうどフーコーのいう生－権力が形成、拡大していく時期と重なっている。

近代の資本主義は、労働者を大量に雇用し、生産力を上げ、彼ら、彼女らの生活を保障しつつ社会秩序を維持しなければならないという課題に迫られるようになる。そうした課題は、労働者自身の要求からだけではなく、国家の論理、資本の論理からも自覚化された。その課題への対応が生存権や社会権という形で制度化されてきたわけである。

シティズンシップの再政治化

以上でみてきたような、近代における政治的な生と身体的な生の一体化、あるいは生－権力の形成、拡大という事態を、ハンナ・アレント（第2講を参照）は、公的な領域と私的な領域が一体化した「社会的なるもの」の勃興という言葉でとらえている。すなわち、アレントによれば、公的な領域と私的な領域の境界が崩れて「社会的なるもの」が生まれたのが近代の特徴だという。[6]

アレントによれば政治的公共性とは、「複数性という人間の条件」によって、異質で多様な人々が言論活動と政治的行為によって自らの存在を白日のもとにあらわにする関係である。これに対して社会的なるものとは、「ただ生命の維持のためにのみ存在する相互依存の事実が公的な重要性を帯び、ただ生存にのみ結びついた活動力が公的領域に現れるのを許されている形式」にほかならない。

近代以降、この社会的なるものの勃興によって、「公的なるものは私的なるものの一機能となり、私的なるものは残された唯一の公共的関心になった。このため、生活の公的な分野と私的な分野はともに消え去った」という。このアレントの近代についての認識は、先のアガンベンの「われわれは、ゾーエーとビオスのいかなる区別もできない」という近代認識、および、フーコーの生―権力論における生殖を含んだ子産み・子育ての問題が単なる私的な問題でなく公的な課題としてもとらえられるようになるという認識と、まさに対応するものである。

アレントは、近代の国民国家のもとでは、この「社会的なるもの」の勃興によって、政治的公共性は失われていくととらえた。二〇世紀の福祉国家的シティズンシップは、まさにそうした意味の「社会的なるもの」をシティズンシップにおいて表現したものにほかならない。だとすれば、アレントの議論をふまえれば、福祉国家的シティズンシップをシティズンシップの脱政治化と呼ぶこともできるだろう。

しかし、福祉国家としての国民国家の枠組みが崩れつつあるいま、私たちに問われているのは、いかにしてこの政治的な生と生物学的な生が一体化した「社会的なるもの」を組みかえ、市民としての政治的自立と職業人としての経済的自立の新しい分節化を行なうかという課題であるといえるのではないだろうか。[7] それを言い換えれば、近代の社会的なるものにおいて脱政治化されてきたシティズンシップを再政治化すること、つまり、シティズンシップの再政治化へ向けての課題だといってもいいかもしれない。

次講では、この課題を追求するうえである意味では反面教師ともいえる、社会主義思想を考えてみようと思う。

【注】

(1) Agamben, G., *Means without End*, University of Minnesota Press, 2000., p.138.（アガンベン『人権の彼方に』高桑和巳訳、以文社、二〇〇〇、一四二～一四三頁）。

(2) フーコー『性の歴史Ⅰ　知への意志』渡辺守章訳、新潮社、一九八六、一七六～一七七頁。

(3) フーコー『監獄の誕生』田村俶訳、新潮社、一九七七。

(4) フーコー前掲書、二〇四頁。

(5) 宮澤康人「近代の大衆学校はいかに成立したか」柴田義松・竹内常一・為本六花治編『新版　教育学を学ぶ』有斐閣、一九八七、一〇七頁。

(6) Arendt, H., *The Human Condition*, The University of Chicago Press, 1958, pp.22-78.（アレント『人間の条

件』ちくま学芸文庫、一九九四、四三～一三一頁)。

(7) この点については、拙著『教育改革と公共性』東京大学出版会、一九九九も参照されたい。

第10講

マルクス主義の逆説

マルクス主義の影響力

現代の教育思想に重要な影響を与えたもののひとつに社会主義思想があることはいうまでもない。社会主義は一九世紀に近代思想のなかから生まれてきた一つの有力な流れである。社会主義思想と一口にいっても、内部ではいろいろな流れに分かれていて、サン=シモン（Saint-Simon 1760-1825）、オーエン（Owen 1771-1858）、プルードン（Proudhon 1809-1865）等々がいる。そのなかでも、その後いちばん影響力をもったのが、カール・マルクス（Marx 1818-1883）の思想だ。マルクスはドイツ人で、一九世紀中頃から後半のヨーロッパで著作・実践活動を展開した人物である。エンゲルス（Engels 1820-1895）との共著も多くある。

マルクス自身は、教育学者ではないし、狭い意味での教育学、教育思想の領域に直接関係する仕事をしたわけでもない。しかし、彼の思想の教育学、教育思想への影響は、決して無視できないものがある。

特に、マルクスの継承者たちによって展開されたマルクス主義と呼ばれる思想の流れは、二〇世紀の教育思想にきわめて大きな影響を与えた。ただ単に思想的に影響が大きかっただけではなく、現実に社会体制をつくったという点で特筆すべきものである。二〇世紀初頭に起きたロシア革命（一九一七年）は、マルクス主義にもとづく社会主義国家を建設するための革命であった。その結果、ソヴィエト連邦が誕生し、それ以降、世界のかなりの部分が社会主義体制の国によって占められるようになった。一九九一年にソヴィエト連邦が崩壊したことをもって、システムとしての社会主義体制は終わったといわれている。ただし、現在でもマルクス主義を党是とする社会主義政党による一党独裁体制の国（中華人民共和国、朝鮮民主主義人民共和国など）がいくつかある。

イギリスの歴史家であるエリック・ホブズボームは、二〇世紀はロシア革命に始まり、ソ連崩壊に終わったといっているが、それは二〇世紀とは社会主義と資本主義の体制が拮抗した時代だったという歴史認識を示したものである。[1] それだけマルクス主義という思想は二〇世紀の歴史に大きな影響を与えたということである。

哲学的意識の清算

マルクス自身がどのような思想を語ったかということは、非常に大きな問題で、とても一言で語れることではない。そこで今回は、マルクスが一八四五年に書いたとされる「フォイエルバッハについて」（通称「フォイエルバッハに関するテーゼ」）に注目したい。

「フォイエルバッハについて」は、マルクス自身影響を受けた唯物論哲学者フォイエルバッハ

(Feuerbach 1804-1872) に関する、マルクスの批判的コメントからなる文章である。短い文章だが、マルクスが自分自身の思想を一歩発展させたことを示す文章だとされ、マルクスを研究する人やマルクスとマルクス主義に関心をもつ人は必ずこの文章を引用したり、解釈したりしている。この「フォイエルバッハについて」は、一一のテーゼから成り立っているが、そのなかに教育について書かれた部分がある。それは第三テーゼと呼ばれるパラグラフである。

「環境の変革と教育に関する唯物論の学説は、環境が人間によって変革され、教育者自身が教育されなければならないことを忘れている。[2]」

この「教育者自身が教育されなければならない」という言葉は、その後の教育学者に非常に大きな影響を与えた。教師、または教師を志すものにとってみれば、まさに自分たち自身の事柄だと感じられることであろう。

さて、この「フォイエルバッハについて」の第一一テーゼは次のような文章である。

「哲学者たちはただ世界をさまざまに解釈してきたにすぎない。肝腎なのは、世界を変革することである。[3]」

実は、この第三テーゼと第一一テーゼは深く関係している。ここでマルクスが言いたかったのは、一言で言ってしまえば、それまで連綿と続いてきた西欧哲学の伝統をすべて否定したということである。マルクスは、後に、これらのテーゼを書いた一八四五年当時のことを振り返って、「われわれ以前の哲学的意識を清算することを決心した」といっている。[4] マルクス以前の哲学的意識を清算した一つの結果が第三テーゼであり、第一一テーゼなのである。

マルクス

ではいったい、以前の哲学的意識とは何だろうか。それは、この本でもすでに検討したプラトンの思想（第2講参照）に代表されるものである。私たちが生きている社会や共同体の内部から抜け出して、その外部にある「善のイデア」に到達する者だけが真理に与れる、そして真理に与ることのできる哲学者こそが国家を統治するべきだというのがプラトンの思想であった。そうしたプラトン的な考え方をマルクスはここで全面否定するわけである。そして、世界に対して超越的な解釈者であるという哲学的な態度だけからは、現実の社会を変える力は生まれない、むしろ、解釈者自身が社会のなかで世界を変革する立場に自身を置かないといけない、そのためには、教育者自身が社会のなかでみずから教育されなければならないというわけである。

プラトン的思考様式

このように考えてくると、マルクスはプラトン以来の哲学的伝統を全面的に否定したといえるし、事実、そのように解釈されてきた。でも、はたして本当にそうなのだろうか。

二〇世紀の代表的な思想家、ハンナ・アレントがこの第一一テーゼについて重要な指摘をしている。確かにマルクスはプラトン以来の哲学の伝統、世界に対する超越的態度を批判しているけれども、マルクス自身が実はその伝統から完全には抜けきっていないのではないか、そうアレントはいうのである。

「われわれの目から見れば、マルクスは次のように言っているように見える。すなわち、哲学者たちが解釈してきた世界、最近の哲学者たちによってたえず自己発展するものとして理解されてきた世界は、いまやその認識を超えつつある、さあ、いまこそ、この過程を手中におさめ、われわれの伝統にそってそれを変革しようではないか、と。マルクスは、伝統のもとで、つねに、哲学の伝統を、人類の全体を代表する生き残った階級によって最終的に継承されるものとして理解していた。マルクス自身にとって、このことは、抗しがたい歴史の動きはいつの日か止まり、最後の決定的な変革が到来するやいなや、歴史の変化は完全に世界の外から支配可能なものとなるだろうということを意味した。(5)」

アレントによれば、マルクスは、あくまでも哲学の伝統の枠内で思考していた。マルクスは、「哲学の伝統を、人類の全体を代表する生き残った階級によって最終的に継承されるものとして理解していた」が、ここで「人類の全体を代表する生き残った階級」として想定されているのは資本主義において社会の表舞台に登場する労働者階級である。マルクスによって労働者階級は、真理に与るものがこの世を支配するという西欧哲学の伝統を受け継ぐ最終ランナーとしての位置づけが与えられた、そうアレントは考えた。

世界の解釈から世界の変革へ、哲学者から労働者へ、という発想の転換は、たしかにマルクスにとってはそれ以前の哲学的伝統からの断絶を意味する、それこそ革命的なことだったたし、アレントもその意義は認めている。しかし、その担い手が哲学者ではなく、労働者に変わっただけで、真理に与っている人間が世の中を変革し、支配するという思考様式そのものは、変わっていない。むしろマルクスはプラトン的な考え方を徹底した形で受け継いだと言えるのではないかと、アレントは考えたのである。

アレントのこの洞察は、マルクスの影響を受けたマルクス主義の思想、およびマルクス主義に影響された社会主義の運動や社会主義国家の現実の歴史に照らし合わせてみると、かなり当たっている面がある。例えばそれは、ロシア革命の指導者レーニン（Lenin 1870-1924）が唱えた、いわゆる外部注入論などにもあらわれている。外部注入というのは、「労働運動の自然発生性のまえに拝跪すること」を批判し、現実の労働者を革命の主体にするために、より進んだ「意識的要素」を持った革命エリートの社会主義政党が、労働者に革命的意識を外部から注入しなければならないというものである。[6] これは真理により近い人間こそが世の中を変えていくというプラトン的な思考様式そのものである。そのロシア革命によって成立したソ連で実際に行なわれていたことは、強烈なエリート支配であった。プラトン的な独裁支配が、プラトン的伝統を清算したはずのマルクス主義によって実現されたという逆説的な結果になったのである。

その一方でマルクス主義は、資本主義社会のなかで生きる人々にとっては、資本主義批判の思想としても大きな影響を与えてきた。マルクス主義のプラトン的構図は、社会主義体制に対してだけでなく、資本主義批判の思想としての社会主義的運動や教育にとっても問題を残したのである。たとえば、第4講で取り上げた宗像誠也の「真理の代理者」という教師像にも、真理に与るものこそが社会を変革する主体であるというプラトン―マルクス的な思考様式の影響が見て取れるとはいえないだろうか。

認識と実践の緊張関係

このように、マルクス主義の問題は、体制としての社会主義の問題だけに帰せられるものではない。むしろ、今日の私たちの思考様式それ自体にも潜む問題としてとらえる必要がある。

たとえば、政治的に意識を高めるということが科学的な知識を身につけて真理に近づくことと同義のことだというプラトン―マルクス的思考様式は、今日の政治とかシティズンシップのとらえ方のなかにも根強く残っている。それは、啓蒙主義的な理性がそのままの形で信頼されていた時代においては疑われずにきた発想である。だが、すでに見てきたように、高度成長が終焉し、啓蒙主義的な理性に対する問い直しが迫られている今日では、もはやこのようなプラトン―マルクス的思考様式の延長線上で政治やシティズンシップについて考えることは難しくなってきた。

最近話題になっている学力低下の問題をとっても、学力低下を防ぐためにもっとたくさんの内容を教えなければいけない、という意見がよくある。こうした考え方のなかにも、イデオロギー的な立場の違いを超えて、ある意味でのプラトン―マルクス的な発想が払拭しきれていないのではないかと思われる。

だからといって、知識を得ることや認識を深めることの重要性が否定されるわけではない。第3講でも検討したように、もともとプラトンの師であるソクラテスは、哲学的な認識の深まりを誰よりも重要視していた。ただ、ソクラテスの場合、プラトンやマルクスのように哲学的認識を深めることと市民として政治的実践を行なうことをストレートに結びつけず、哲学と政治、認識と実践の間には緊張関係があるということを強調していた。だがこの緊張関係は、近代思想を支配してきたプラトン―マルクス的思考様式のなかで失われてしまった。こうした思考様式が社会主義体制崩壊の後もなお、私たちの思考に無視し得ない影響を与えている点にこそ、根深い問題があるのである。

哲学（認識）と政治（実践）はどちらも重要な事柄であるが、両者は直ちに結びつくものではない、緊張をはらんだ関係にある。私たちはその緊張関係を解消するのではなく、維持し、活性化していく方向性を考えなければならない。その際に、認識と実践を媒介するうえで重要な役割を果たすのが、本書ですでに何度か言及した政治的判断力である。この点については、第12講であらためて取り上げることにしたい。

【注】

（1）ホブズボーム『20世紀の歴史（上）（下）』河合秀和訳、三省堂、一九九六。

（2）マルクス・エンゲルス『ドイツ・イデオロギー』廣松渉編訳・小林昌人補訳、岩波文庫、二〇〇二、一三四頁。

（3）前掲書、二四〇頁。

（4）マルクス『経済学批判』武田隆夫・遠藤湘吉・大内力・加藤俊彦訳、岩波書店、一九五六、一五頁。

（5）ハンナ・アーレント『カール・マルクスと西欧政治思想の伝統』佐藤和夫編、アーレント研究会訳、大月書店、二〇〇二、一六～一七頁。同書の翻訳には筆者も参加している。アレントのマルクス論については、さらに深める機会をもちたいが、さしあたり拙稿「ハンナ・アレントはマルクスをどう読もうとしたか：研究序説」『お茶の水女子大学人文科学紀要』第五五巻、二〇〇一を参照。

（6）レーニン『なにをなすべきか？』村田陽一訳、大月書店、一九七一、六〇～六三頁。レーニンの妻クループスカヤ（Krupskaya, 1869-1939）はマルクス主義教育学者として有名。クループスカヤは、教育と労働の結合による「総合技術教育」（ポリテフニズムともいわれる）の理論を発展させ、日本の教育思想、教育実践にも影響を与えた。戦後日本の教育学においてマルクス主義が果たした役割を批判的に検討した論考として、森田尚人

「戦後日本の知識人と平和をめぐる教育政治 ―『戦後教育学』の成立と日教組運動 ―」(森田尚人・森田伸子・今井康雄編『教育と政治―戦後教育史を読みなおす』勁草書房、二〇〇三、所収)を参照。

第11講

児童の世紀とユートピア主義

これまで、主として西欧の教育思想史に即してさまざまな思想や思想家を取り上げながら、それらが現代の教育を考えるうえでどのようなヒントを与えてくれるか、という視点で議論を進めてきた。本講では、現代に最も近い二〇世紀の教育思想を取り上げようと思う。

新教育運動の台頭

近代につくられた学校教育が、一般の民衆レベルに本格的に拡大していくのは、一九世紀から二〇世紀の世紀転換期であった。この時代に社会の隅々にまで学校教育が浸透するようになったのだが、その過程で、今日でも私たちの教育制度や教育実践に大きな影響力を与えているデューイ(Dewey 1859-1952)をはじめ、さまざまな教育思想家が登場し、活躍した。

この世紀転換期に勃興し、その後有力な潮流を形成していくのが、「子ども中心主義」、「児童中心主義」という考え方である。この「子ども中心主義」、「児童中心主義」を柱とする教育思想や運動は「新教育運動」とも呼ばれている。新教育運動は欧米各国だけでなく、日本でもおこった。一九一〇年代から二〇年代にかけての大正自由教育の流れが、それにあたる。

子ども中心主義、児童中心主義の代表的な担い手の一人に、エレン・ケイ(Key 1849-1926)がいる。彼女は一九〇〇年の著作『児童の世紀』で二〇世紀を「児童の世紀」と宣言したことで一躍有名になった。彼女は、民衆に教育を拡大していくにあたって重要なことは、子どもの自発性にもとづく教育であると考えた。その際に、ケイは母親の役割と母性を重要視した。

新教育運動が子どもの自発性を重要視するのは、思想史的にいえばルソーの再評価につながるものである。したがって、思想としては目新しいものではないともいえるが、この時期に子どもの自発性があらためて見直されたのには、それまでの学校教育のなかに必ずしもルソー的な考えが十分に反映されてはいなかったという事情がある。そこでルソー的な思想を復権させ、学校教育のなかに取り込んでいこうというモチーフが、新教育運動にはあったといってもいいだろう。(1)

子どもが親を選ぶ権利

ケイは『児童の世紀』のなかで、子どもが自分の親を選ぶ権利について、以下のように述べている。

「子どもの第一の権利とみなされなければならないのは、子どもは不調和な結婚から生まれてはならないということである。まず何よりも、結婚は自由になるべきである。言いかえれば、夫婦は相互の合意によって容易に別れることができるということだが、ただ、結婚するにしても別れるにしても、夫婦は子どもに対してはある義務を負わなければならない。[2]」

ここでケイは、子どもが親に対して適切な結婚を要求する権利、つまりよい親から自分が生まれてくることを求める権利があることを述べ、「子どもの権利の第一は親を選ぶことである」という立場を明確にする。[3]

普通に考えると、子どもは親を選べないわけだから、無理な話に聞こえるかもしれないが、これは結局、子どもにとっての問題ではなく、大人にとっての問題なのである。つまり子どもに適切な教育をすることのできる親を求めること、よい親であれという要請の反語的表現と理解すべきであろう。ここから、社会にとっての適切な親と不適切な親、適切な子どもと不適切な子どもを分類していくという意味で、ある種の優生学的な側面がケイの子ども中心主義に見られることが指摘されてもいる。[4]

ケイをはじめとする二〇世紀初頭の新教育運動の思想は、たしかに、子どもや民衆の立場に立って学校教育の改善に真剣に取り組んだ教育実践家、教育思想家たちの営みのなかから生まれてきたものである。その実践的な意義を否定することはできない。

しかし、同時にそれが本当の意味で子どもの立場に立ったものであったかどうかを、問い直す必要はある。つまり、新教育運動、ないしは子ども中心主義という考え方の基底にあったのは、子ども中心という看板とは逆に、子どもに対して歴史の進歩を託す大人の側の進歩主義思想、ユートピア思想ではなかったかということが問われる必要がある。

ユートピア実現の手段

戦後の日本を代表する教育学者に勝田守一という人がいる。勝田はその著書『能力と発達と学習』で次のように述べている。

「教育には可能性がある。そこには子どもの成長を社会の進歩とともに考えようとする思想がある。その思想は、教育を真に子どもたちの成長のためのものにしようという努力と、子どもたちの成長によってこの社会の進歩をねがう希望とを統一しはじめている。(5)」

このように、子ども中心主義における子ども理解の根底には、子どもこそが歴史の進歩の担い手であるという認識に立って、子どもの成長や発達と社会の進歩とを結びつけて考える、ある種のユートピア思想がある。

だから、子どもや青年こそが人間の可能性を秘めた存在であり、彼らの可能性を引き出す営みこそが教育である、ということになる。こうした教育観からは、学校教育はユートピアに向けて社会を改良していく社会改革、社会改造の手段として位置づけられる。これが新教育運動の一つの側面である。

ユートピアに向けて社会を改造する、作り直すという発想は、まさにプラトン的な発想である。二〇世紀初頭という時代は、前講で取り上げたマルクス主義の場合も同様だが、ユートピアへ向けて社会を改造するある種の計画主義、設計主義の発想が台頭してきた時代であった。つまり、ユートピアの設計図をつくってその設計図に沿って社会を計画的に運営していこうという考え方である。社会主義だけでなく資本主義においても近代経済学者のケインズ（Keynes 1882-1946）らによって計画経済が肯定され、計画主義の発想は体制の違いを超えて存在した。もちろん、ハイエク（Hayek 1899-1992）やポパー（Popper 1902-1994）のような計画主義への批判者もいたが、当時はまだ、時代の主流にはなりえなかった。

ユートピアをめざす計画主義は、社会の生産力が右肩上がりの一九六〇年代ぐらいまでは一定のリアリティがあった思想だったのだが、現在はすでに形勢が逆転して計画主義的発想は悪玉にされている。社会秩序は自然発生的に生まれると考える立場の方が優勢で、ハイエクやポパーが再評価されたりもしている。規制緩和、あるいは新自由主義（ネオリベラリズム）と呼ばれる傾向も、これに含まれる。

子ども中心主義の限界

一見すると、計画主義と子ども中心主義は相反する考え方のように見えるかもしれない。だが、前述のように、教育学的な枠組みのなかでは、秩序の自然発生を前提にした子ども中心主義のような考え方と計画主義とが、子どもの発達に軸をおいた教育理論を媒介として裏でつながっているのだという点にこそ、注目する必要がある。一見リベラルな顔をもっている教育思想ほど、しっかりとその限界を見据えなければならない。

新教育運動は、二〇世紀中盤までの歴史的文脈のなかでは一定の積極的な役割を果たしてきたことは事実であるが、それがもっていたユートピア主義的、進歩主義的側面は、今日のポスト・モダン的文脈においてはすでに限界が明らかになっていることを指摘せざるを得ない。ユートピア主義、進歩主義の限界が明らかである以上、それと結びついていた子ども中心主義だけを積極的なものとして取り出すことは、教育理論としては、かなり無理がある。二〇〇二年度から小学校と中学校の学校現場で実施されている学習指導要領では、家庭教育の意義や子どもの生きる力が強調されており、この点では、新教育運動の限界を継承しているといえるのではないだろうか。

子ども中心主義の問題点についてアレントは、大人が自分たちの世代で解決できなかった課題を子どもの世代に転化するということに問題があると指摘している。アレントによれば、「ヨーロッパでは、新しい状況を生み出そうとするならばまず初めに子供から手をつけねばならぬという信条をもっぱら我物顔にしてきたのは、暴政的な性格をもつ革命運動である」と述べている。[6] たしかに、ナチス・ドイツの全体主義運動は、ヒトラー・ユーゲントとして子どもたちを組織して社会改造の先兵に仕立て上げようとした。また、ヨーロッパだけでなく、戦後の歴史のなかでは、中国の文化大革命やカンボジアのポル・ポト政権のように、子どもや若い世代を政治的に動員して大人の政治的イデオロギーの道具にしてきた事実があったことも、認識しておかなければならない。子どもに社会の未来を託すという子ども中心主義には、こうした危険性もある。

近年、子ども中心主義を安易に語ることの問題点については、すでに何人かの論者が発言しており、それには一定の正当性がある。[7]

過去と未来の間

子ども中心主義やその背景をなす進歩主義を批判する意見は、ともすれば知識注入主義、伝統や秩序を重視する保守主義と結びつけられやすい傾向にある。だが、子ども中心主義や進歩主義を批判することが必ずしも保守主義につながるとは限らない。この点とかかわって参考になるのが、過去と未来の間という視点を提起するアレントの議論である。

過去を代表するのは大人世代であり、未来を体現するのは子ども世代である。大人から見れば子どもとはわけのわからない存在である。しかし、そのわけのわからない子どもが将来大人になって、大人世界の一員にならないと、この世界そのものが更新されない。その意味で、この世界が世界として存続するための鍵になるのが子どもの存在である。

ただし、大人が子どもの立場を代弁、代表することの問題性はすでに見た通りである。大人は子どもの立場を代弁するのではなく、伝統を背負った存在として子どもに対してある種の対立的な立場に身をおかざるを得ない。

教育とは、このような対立的な関係にある過去（大人）と未来（子ども）の間にある行為である。教育が大人の子どもに対する行為である限り、そこに保守的な側面があることを否定できない。しかし、だからといって大人の立場に開き直り、シニシズムに陥ることは避けなければならない（第5講を参照）。そこで、シニシズムを回避するために参考になる手がかりを提供してくれるのが、この過去と未来の間という視点である。

過去と未来の間という視点に立つことによって、最近の規制緩和の流れのなかで提起されている総合学習やチャータースクールなどの実践に対しても、子ども中心主義とは別の意味が付与されるのではないかと思われる。次講では、そのことを検討して、本論のしめくくりとしたい。

【注】

（1）以下に述べるケイの子ども中心主義については、森田尚人「ケイ『児童の世紀』」（村田泰彦編『家庭の教育』講談社、一九八一）、小玉亮子「『子どもの視点』による社会学は可能か」（『岩波講座　現代社会学12　子どもと教育の社会学』岩波書店、一九九六）を参照。

（2）ケイ『児童の世紀』小野寺信・小野寺百合子訳、富山房、一九七九、三四頁。

（3）前掲書、三九頁。

（4）前掲森田尚人論文、小玉亮子論文を参照。

（5）勝田守一『能力と発達と学習』国土社、一九六四、二二八頁。

（6）Arendt, H., *Between Past and Future*, Perure, Penguin Books, 1977, p.177.（アレント「教育の危機」『過去と未来の間』引田隆也・斎藤純一訳、みすず書房、一九九四、二三七〜二三八頁）。

（7）宮澤康人「児童中心主義の底流をさぐる ― 空虚にして魅惑する思想」『季刊　子ども学』vol. 18、福武書店、一九九八。苅谷剛彦『教育改革の幻想』筑摩書房、二〇〇二。

第12講

過去と未来の間に立つ

前講で新教育運動の思想について述べたことをふまえて、本講では現代思想と呼ばれる二〇世紀後半以降の思想と現代教育の課題について検討を行ない、本論の締めくくりとしたいと思う。前講で述べたように、二〇世紀初頭から新教育運動と呼ばれる教育改革の潮流が台頭し、児童中心主義、子ども中心主義が唱えられ、その影響は二〇世紀の後半から現在に至るまで、脈々と続いている。

その一方で、新教育運動の子ども中心主義に対する批判も早い時期から出されていた。子ども中心主義に対する批判の論点として、二つの点をまず確認しておこう。一つは全体主義との関連という問題、もう一つは学力低下の問題である。

全体主義との関連

新教育運動や子ども中心主義は、一般には未来志向のリベラルなイメージとともに受け入れられているようだ。だから、子ども中心主義と全体主義の結びつきというと意外な感じをもたれるかも知れない。

もちろん、子ども中心主義がそのまま全体主義に帰結した、といえるほど事柄は単純ではない。しかし、そのある部分が全体主義に流れ込んでいったのは事実である。

例えば、前講でもみたように、ナチス・ドイツでは、ヒトラー・ユーゲントという青年団を組織して、子どもを尖兵にして全体主義的イデオロギーを宣伝した。前講で引用したアレントの言葉が示唆しているように、ナチスが台頭してきたころのドイツで、ヒトラーの全体主義を支持していった社会運動・青年運動と、進歩主義思想との関係は、無視し得ないものがある。(1)

しかし同時に他方で、新教育運動の進歩主義思想はそれまでの伝統的な秩序の解体という現実をふまえ、それを超える思想として登場してきたという側面をもつ。だから、進歩主義がうまくいかないからといって、伝統にもどる保守主義に分があるかといえば、必ずしもそうとはいえない。むしろ問題は、進歩主義か保守主義か、子ども中心か伝統か、という二者択一の発想に近代の教育思想がとらわれてきたという点にある。この点については、またすぐ後で、あらためて取り上げることにしたい。

学力低下問題

子ども中心主義についてのもう一つの論点は、学力低下をめぐる問題である。学力低下は現在の日本でも、文部科学省が学習指導要領などでゆとり教育の路線を打ち出して以降、各方面から懸念が寄せられ、さかんに議論されている話題だが(2)、この問題はなにも今に始まったことではないのである。

戦後、アメリカでは一九五〇年代にルドルフ・フレッシュが『ジョニーはなぜ読み書きができないのか』というセンセーショナルなタイトルの著作を著して、当時のアメリカで子どもたちの学力低下が進行していることに警鐘を鳴らした。[3] この本ではフレッシュ自身が考案した新しい読み書き教育の方法も提唱され、当時のアメリカでは大きな話題になった。前講と本講で取り上げたハンナ・アレントの論文「教育の危機」にも、フレッシュのこの本への言及がなされているほどである。

フレッシュの批判は、アメリカでプラグマティズムと呼ばれる、子どもの経験、子ども自身による問題解決を重視する新教育的な教育実践や教育思想に向けられた。こうした批判は一九五〇年代後半以降のアメリカ教育改革の流れにも、非常に大きな影響を与えることになる。

たとえば、一九五七年のスプートニク・ショックにより、アメリカでは科学技術教育の遅れが指摘された。これを受けてブルーナー（Bruner 1915-）による学問中心のカリキュラム[4]が提唱されるなど、教育内容の「現代化」と呼ばれる運動が進められ、従来の子ども中心主義からの転換が図られた。

はいまわる経験主義

同じ一九五〇年代に、実はまったく同じ問題が、日本でも起こった。日本の戦後教育改革に大きな影響を与えたのはアメリカ教育使節団（第一次は一九四六年、第二次は一九五〇年）である。使節団を構成していたメンバーはアメリカの進歩主義的、新教育的思想を有していた人たちであった。彼らが進歩主義的教育思想にもとづいて、戦後日本の教育改革を指導したのである。

一九四八年には、進歩主義教育思想にもとづき、子ども自身の経験や問題解決学習を積極的に推進していく教師たちを中心とした団体、コア・カリキュラム連盟がつくられた。[5] その指導者のなかにはのちに和光大学学長も務めた梅根悟（一九〇三‐一九八〇）をはじめ、教育学者たちも多数参加していた。

だが、こうして始まった戦後日本の教育は、アメリカとまったく同じように一九五〇年代になると、その新教育的な傾向やコア・カリキュラムの思想が、「はいまわる経験主義」だと批判されるようになる。しかもこの新教育批判、コア・カリキュラム批判は、政治的な立場を超えて右派からも左派からも展開された。それを受けて、当時の文部省も新教育を批判する側に方向転換し、一九五八年の学習指導要領で新教育の理念は政策的に放棄された。そして一九六〇年代には、ブルーナーらによる教育内容の現代化運動が日本の教育実践の世界でも強い影響力をもつようになった。

この戦後教育改革から五〇年以上を経た今日、二〇〇二年度から「総合的な学習の時間」の新設、教科の内容の削減などを特徴とした新学習指導要領が小・中学校で実施されることになった（第2講を参照）。こうした教育改革は、一九五〇年代初頭にコア・カリキュラム連盟が追求していた教育課題、その背景にあった新教育の思想が復活したものだと考える人もいる。

こうした状況は、一見すると一九五〇年代に行なわれた論争、すなわち子ども中心 VS 学問中心、学び VS 教え、という対立の図式が繰り返されている状況のようにも見える。

進歩主義と保守主義

子ども中心か・学問中心か、学びか・教えか、という対立の構図がつねに繰り返されるのは、いったいなぜだろうか。それは、実はこれらが近代教育思想の典型的な二つの言説のパターンだからであり、近代教育学の枠組みを裏と表から支え合っているからにほかならない。そこで、この近代教育の枠組みをどう捉えていくかが問題となる。

この問題について深い思索をめぐらした思想家は何人かいる。前述の注1で言及したベンヤミンもその一人であるが、ここで取り上げたいのは、この本でもすでに折にふれて幾度も言及してきたハンナ・アレント（Arendt 1906-75）である。

アレントはドイツのユダヤ系の家庭に生まれ、戦前は実存哲学の代表的哲学者であるハイデッガー（Heidegger 1889-1976）やヤスパース（Jaspers 1883-1969）のもとで哲学を学んだ。その後、ナチスの弾圧を逃れてフランスを経てアメリカに亡命、戦後、公民権を得てアメリカで活躍した知識人である。フランス滞在中はベンヤミンとも交友をもった。

アレントが終生取り組んだ思想的課題は、二〇世紀の全体主義をどうしたら克服できるのかということであった。その際にアレントは二〇世紀の全体主義がもっている進歩主義的でリベラルな側面にも注目する。通常の政治思想の理解からいうと進歩主義・リベラリズムと全体主義は対立する概念である。ところがアレントは進歩主義やリベラリズムが全体主義の形成に積極的にかかわってきた側面もあったのではないかと考えたのである。

さらにアレントは進歩主義やリベラリズムを批判すると同時に、従来それに対立するものとみなされてきたいわゆる保守主義・伝統主義をも批判する。それは保守主義が唱えている「伝統」というものは現実には途絶えてしまっているものであり、今日においてそれを新たに復権することは不可能だという時代認識をもっていたからである。アレントによれば、「伝統の命脈の繰り延べが可能であると信じているリベラリズム」と、「現実のリアリティを復興させることなく『価値』の復興が可能であると信じている保守主義」の両方が批判されなければならないという。[6]

進歩主義と保守主義は対立しながらも、むしろその不毛な対立によって全体主義を生み出してしまったのであり、全体主義を克服するためには対立する二つの立場をともに批判する必要があると、アレントは考えたのである。

教師である自分を脱構築する

アレントの進歩主義と保守主義に対する批判は、教育学にあてはめれば、子ども中心主義に対する批判と教師や大人の立場を特権化することに対する批判としてとらえることができる。この両方の立場に対する批判を時間軸の概念におき直していうと、未来という時間軸を特権化する進歩主義に対する批判と、過去という時間軸を特権化する保守主義に対する批判、ということになる。

このアレントの思想には、教師自身がふまえるべきスタンスを考えるときの重要な示唆が含まれているといえる。つまり、進歩主義のように百パーセント子ども中心主義の立場に立ってもいけない。けれども、保守主義のように過去の伝統とか大人の側の立場を百パーセント特権化するのもいけない、ということである。

むしろ重要なのは、アレントの著作の題名にもなっているが、過去と未来の間に立つ姿勢である。この姿勢は、進歩主義も保守主義もほどほどに、両者の長所で互いの欠点を補って、という折衷案では必ずしもない。

現代思想でよく用いられる概念で、「脱構築」という言葉がある。(7) 過去と未来の間に教師が立つとき、そこでの教師の有り様というのは、教師である自分を脱構築しつつ子どもとかかわることだということができるのではないだろうか。

ここで脱構築するとはどういうことかというと、教師としての自分自身のアイデンティティを現実のものとして直視しながら、同時に、それを批判して自己相対化していく、言い換えれば、教師であることに責任を負いつつ同時にそれを批判的に相対化するという両義的な姿勢のことである。

このような教師の脱構築的実践において、他者としての子どもの存在は、教師自身のアイデンティティを常に脅かしながら、脱構築を促す存在である。つまり、教師にとって子どもは脱構築の契機である。

だから、従来の子ども中心主義とは異なるが、やはり、子どもとかかわることは教師にとって重要な意味をもつのである。それどころか、他者としての子どもとのかかわりは、教師にとって自分自身を相対化する不可欠の契機でもある。その意味では、脱構築する教師は、進歩主義以上に子どもの視点ということにこだわりをもつ教師だとすらいえる。

過去と未来の衝突の場

このような脱構築する教師という教師像をふまえたとき、これからの学校教育はどのようにイメージできるのだろうか。

本書の第4講で、宗像誠也の「真理の代理者」という教師像について述べた。従来の教師像では、教師とは地域社会のなかでいちばん進歩的な知識を身につけた、その意味で特権的な地位に立つ存在だという暗黙の了解があった。かつての教師は、学校という知の特権空間において、啓蒙的理性を身につけた真理の代理者（エイジェント）として振る舞うことを期待されていたのである。

しかし、現代社会は情報化が進み、学校が知の特権空間であるという前提はもはや成立しない。市民が情報へアクセスする回路は、無数に増殖しつつある。そうした状況のもとで、学校や教師がかつてのような真理の代理者（エイジェント）としての役割を担うことはできないし、また、期待されてもいない。

真理の代理者（エイジェント）の拠点としての学校の役割は終わった。だが、だから学校はもう用済みであるという結論を出すのは早計である。むしろ、こういう状況だからこそ、公教育としての学校が固有に果たしうる役割があるのではないだろうか。アレントの「過去と未来の間」という言葉に注目したのは、それが学校教育に固有の役割を考えるときのヒントになるのではないかと思ったからである。

教育における過去とは、今まで受け継がれてきた過去の文化的な遺産を後継世代に継承させていくために、先行世代が責任を負うべき過去である。これは、先行世代と後継世代との出会いの場が公的に制度化されることによってはじめて達成可能となる課題である。ここに、公教育制度としての学校に固有の存在意義を見いだすことができる。

しかし同時に、来るべき世代と先行世代の関わりという側面からいうと、未来を先取りしていく側面、未来との対話のなかで未来によって過去を異化、相対化していく役割も、学校には期待されている。

だから、現代における学校とは、過去と未来の衝突の場であると考えることができる。このように過去と未来の衝突の場として学校を捉え返すことによって、進歩主義と保守主義の対立図式をのりこえていくことが可能になる。この点にこそ、アレントの思想をこれからの教育改革に活かしていくポイントがあるのではないだろうか。

批評空間としての学校へ

過去と未来の衝突の場としての学校というイメージは、ソクラテスが市民と対話を繰り広げたアテネの広場を学校によみがえらせようとすることでもある。それは、いわば学校を社会の批評空間（クリティカル・スペース）として再編成することだと言い換えることもできる。

今回の学習指導要領で新設された「総合的な学習の時間」を、カリキュラム編成上のコアとして位置づけることがもしできれば、それは、学校を批評空間として脱構築していくうえで、それなりに積極的な意義を見いだせるだろう。もちろん、他の教科でも可能なはずだが、教科の内容や指導法が学習指導要領などによって枠づけられている現状のなかで、すぐにそこを変えるのは、かなりの困難が伴う。その点、「総合的な学習の時間」は新しい枠組みで、まだそれほど型が決まってないから、いろいろな試みが可能である。

例えば、現在、メディア・リテラシー教育への関心が高まっている。メディア・リテラシーは、情報の意味や価値を見分け、判断して、膨大な量の情報を使いこなしていく方法を考えるなかで、情報化社会に対する批評空間をつくっていこうという動きである。このメディア・リテラシー教育を「総合的な学習の時間」を使って実践していくことで、子どもたちの政治的判断力を養うことも、ひとつの方法である。

政治的判断力は、専門的、職業的な能力でなく、市民、シティズンが素人として、現代の諸問題を判断する能力である。[8] 批評空間としての学校は、成熟した判断力を有する素人としての市民、シティズンを社会におくりだす役割を担っているのである。
また、学校は学習指導要領などの顕在的カリキュラムだけでなく、潜在的カリキュラムを通じても、隠れたメッセージを生徒に伝え続けている。[9] そのなかには、性差（ジェンダー）に関する差別的なメッセージなど、現代社会における差別や不平等を反映したメッセージが含まれている。教師が自らの権力性を脱構築し、学校を批評空間として再編成するということは、この潜在的カリキュラムの次元の改革を含む形で、学校を組みかえていくことをも意味する。そのためには、第3講で述べたこととも関連するが、教科の授業など教授＝学習過程だけでなく、特別活動（生徒会や学校行事など）や学校の管理＝経営過程をも含めて、学校の全体構造の改革が求められる。たとえばチャータースクールなど、新しい学校づくりの試みは、そうした視点から捉え直すことができるだろう。[10]
啓蒙的理性の立場に立った真理のエイジェントとして、社会をリードし進歩させていくという学校モデルは、すでに耐用年数を越しているが、批評空間として社会のなかに公共空間をつくりだしていくという学校の役割は、今後ますます増大していくことが期待される。そこにこそ、パブリックな教育の可能性の核心がある。
最後に、アレント自身の言葉を引用することによって、本論の締めくくりとしたい。

「教育は、われわれが世界を愛して世界への責任を引き受けるかどうか、さらに、更新なしには、つまり新しく若いものが到来せぬかぎり、破滅を運命づけられている世界を救うかどうかが決まる分岐点である。[11]」

【注】

（1）ナチス以前のドイツにおける青年運動思想の背景については、グスタフ・ヴィネケン（Wyneken 1875-1964）やヴァルター・ベンヤミン（Benjamin 1892-1940）の思想研究などを通じて検討がなされている。ヴィネケンは、ドイツ青年運動の代表的指導者の一人で、従来の知育中心の学校教育に対抗し、一九〇六年に自由学校共同体を設立、共同生活や青年の自治活動を重視するなどの新教育的な教育実践を行ない、その普及に努めた。参考文献として、ヴィネケン、鈴木聡他『青年期の教育』明治図書、などがある。

ベンヤミンは、ドイツのユダヤ系思想家。文芸批評、社会理論などの分野で独自の著作活動を展開しながら、全体主義を批判し、それを内在的に超える思想的可能性を追求した。教育関連の著書に、『教育としての遊び』（丘澤静也訳、晶文社、一九八一）、『子どものための文化史』（小寺昭次郎・野村修訳、晶文社、一九八八）がある。ベンヤミンは青年時代にヴィネケンの教育活動にふれて共感したが、のちに青年運動がナショナリズムに傾斜していくのを批判して一九一五年にヴィネケンと決裂、青年運動から離れることになる。参考文献として、今井康雄『ヴァルター・ベンヤミンの教育思想』世織書房、一九九八。

（2）「中央公論」編集部・中井浩一編『論争・学力崩壊』中央公論社、二〇〇一。

（3）Flesh, R., *Why Johnny can't read - and What you can do about it*, Harper & Brothers, 1955.

（4）ブルーナー『教育の過程』鈴木祥蔵・佐藤三郎訳、岩波書店、一九六三。

（5）コア・カリキュラム連盟は一九五三年には日本生活教育連盟と改称し、今日に至っている。この団体名の改称は、それ自体が、後述する新教育批判、コア・カリキュラム批判の動きと無関係ではない。この点についてここでは深く立ち入らないが、あらためて検討する機会をもちたい。

（6）アレント『カール・マルクスと西欧政治思想の伝統』大月書店、二〇〇二、三一〇頁。

（7）脱構築は、フランスの哲学者、ジャック・デリダ（Derrida 1930-）が用いた概念である。本質／現象、アイデンティティ／差異、自己／他者、といった西欧形而上学における二項対立図式を解体し、組みかえていこうとする思考法を指す。プラトン以降の西欧形而上学では、現象は本質を指示するものにすぎず、本質が顕わになれば消え去ってしまうものであるととらえられてきた。脱構築は、このような本質主義を批判し、本質／現象の二項対立図式を超える地平をめざそうとするものであり、文芸批評から法学、政治学まで、社会のあらゆる領域における批判的実践のための思考法として注目されている。参考文献として、高橋哲哉『デリダ』（講談社、一九九八）、守中高明『脱構築』（岩波書店、一九九九）。

（8）ナチスの全体主義は、政治的判断力を欠いた専門的知識人によって担われたという側面があった。その例としてアレントは、戦争中にユダヤ人強制移送を指揮したナチスのユダヤ人問題専門家、アドルフ・アイヒマンに注目する。アイヒマンは一九六一年にイスラエルで裁判にかけられるが、その裁判傍聴記としてアレントがまとめたのが『イェルサレムのアイヒマン』（大久保和郎訳、みすず書房、一九六九）である。アレントが指摘するのは、アイヒマンの問題がナチスに固有の問題にとどまらず、判断力の欠如した専門家、テクノクラートに依存する現代社会一般に妥当する問題だという点である。この点については、以下の文献も参照されたい。高橋哲哉「いま、なぜ政治的判断力か」竹内常一・高生研編『総合学習と学校づくり』青木書店、二〇〇一。

（9）潜在的カリキュラムは、隠れたカリキュラム、ヒドゥン・カリキュラムともいわれる。それは、第5講で述べた再生産理論などによって提起された概念で、学校や教室内における教師と生徒との関係のなかで潜在的な形で伝えられるメッセージや権力作用をさす。潜在的カリキュラムは、書かれたカリキュラム（顕在的カリキュラム）とともに、学校のカリキュラム（教育課程）を構成する重要な要素として注目されるようになってきている。また、潜在的カリキュラムの視点によって、学校カリキュラムを教授＝学習過程からだけでなく、管理＝経営過程を含んだ学校の全体構造の視点から捉えることが可能になった。

（10）この点にかかわる具体例については、本書のエピローグも参照。

（11）Arendt, H., *Between Past and Future*, Perure, Penguin Books, 1977, p.196.（アレント「教育の危機」『過去と未来の間』引田隆也・斎藤純一訳、みすず書房、一九九四、二六四頁）。

エピローグ――シティズンシップの再政治化へむけて

本論での思想史的検討をふまえて、プロローグで提起しておいたシティズンシップの組みかえについて、その見通しを示すことで、本書の結論にかえたい。

ポスト福祉国家段階の現代におけるシティズンシップの組みかえの際にふまえておくべき重要な視点は、第9講で述べたシティズンシップの再政治化という課題である。そしてこのシティズンシップの再政治化のための要に位置づくのが、保守主義に対しても進歩主義に対しても批判的な態度を維持し、過去と未来の間に立つ教師という存在であることは、本論で見てきた通りである。

そこで問題となるのは、過去と未来の間に立つ教師のあり方とは、具体的にはいかなるものとしてイメージできるのかという点である。この点についての手がかりとして、プロローグで取り上げた一九九〇年代の「第三の道」以降のシティズンシップ教育の展開を、いくつかの具体例にもとづいていてみていこうと思う。

新しいシティズンシップの模索

イギリスのブレア政権では、「第三の道」を理論化したギデンズの提起をうけ、政治学者バーナード・クリックが中心となり、一九九八年に「学校におけるシティズンシップと民主主義の教育」（クリックレポート）を刊行し、新しいシティズンシップ教育へ向けての取り組みが進められている。[1]

アメリカでも、クリントン政権の時代に、ベンジャミン・バーバや後述のハリー・ボイトらが中心となり「新しいシティズンシップのための白書」を編纂するグループが形成され、シティズンシップ教育の政策形成が模索された。[2]

これらの一九九〇年代以降の新しいシティズンシップ論は、従来のシティズンシップ概念では十分に対応できない二つの重要な状況に直面している。一つは、グローバル化の進展、価値やアイデンティティの多様化による多文化主義（Multiculturalism）の台頭などによって、シティズンシップを単一のアイデンティティにもとづく国民国家への帰属としてとらえる枠組みが揺らぎつつあるという状況である。もう一つは、そうした国民国家への帰属意識のゆらぎに対応するためには、個人の権利保障に重きをおいたシティズンシップ論では不十分であるという批判から、国家であれ地域社会であれ、あるいは人種、民族であれ、何らかのアイデンティティを共有する共同体への責任、忠誠や奉仕活動を要求する共同体主義的な動きが強まりつつあるという状況である。

アメリカでクリントン政権の時代に新しいシティズンシップの構想に中心的な貢献をしたミネソタ大学ハンフリー公共政策研究所のハリー・ボイトは、これら二つの状況が新しいシティズンシップ論の課題を示すものであることを認めつつも、近年のアメリカのブッシュ政権が、後者の共同体主義に傾斜したシティズンシップの議論を行なっていることに、危惧の念を表明し、批判を行なっている。[3]

ハリー・ボイト氏（2003年2月、撮影＝筆者）

ボイトによれば、「ブッシュ大統領は、大統領選の運動を開始して以来ずっと、非政治的ボランティアとしての市民の理念を用いてきた」が、「九月一一日の攻撃以降、ブッシュ政権はますます、ボランタリズムと奉仕活動を中心とした愛国精神の必要性を強調するようになっている」（二頁）

	奉仕活動としての教育	組織活動としての教育
言説	無垢、純真さ	政治
目的	問題解決	民主主義的権力と民主主義的生活様式の建設
シティズンシップの定義	ボランティア	パブリック・ワーク
動機	利他主義	自己利益
方法	プログラム	公的リーダーシップの育成
場所	学科	公共空間
結果	プロジェクト、レポート	文化変容、人間変容

図　ハリー・ボイトによる二つのシティズンシップの対比

という。ボイトが批判するのはまさにそうした共同体への奉仕活動を中心とするシティズンシップ論にほかならない。

「私たちがもし、学生の政治的センスを伸ばしたいと望むならば、市民学習を共同体への奉仕活動とみなす今日支配的な見解を変えなければならない。私たちが政治的に思考し、行為しようとするならば、教育を私たち自身とそのおかれている文脈の変容として理解し、それを実践にうつす組織活動としての教育こそが、求められるのである。」（二一〇頁）

奉仕活動としての教育にもとづくシティズンシップと、組織活動としての教育にもとづくシティズンシプ、この二つのシティズンシップをボイトは、上のような図で把握する（二〇頁）。

ボイトによれば、奉仕活動を中心とするシティズンシップ論は、同質的な凝集性を高めることで悪に対抗する善の共同体という、「一元論」的な対立図式を持ち込もうとするものである。それに対してボイトは、この二元論的な図式を批判し、二元論ではなく異質な多様性を、つまり、「多様な利害と権力のダイナミクスの行使を伴う市民的行為の政治的次元」（一六一～一六七頁）を顕在化させようとする。

ボイトはシティズンシップの教育にとって奉仕活動がもつ意味を否定しているわけではないが、「私たちが政治的に思考し、行為しようとするならば、教育を私たち自身とそのおかれている文脈の変容として理解し、それを実践にうつす組織活動としての教育」こそがより重要であるといい、シティズンシップ教育の政治的側面を強調する。

政治的コーディネーターとしての教師

このボイトの理論をうけて、ミネソタ州ではパブリック・アチーブメントの実践が展開されている。このパブリック・アチーブメントについて、朝日新聞の浜田陽太郎記者は、次のように紹介している。

「彼の政治学の授業には実習がある。大学生が小中高校を訪ね、子ども五〜六人と一組になって地域や学校の問題を探しだし、解決するためのコーチになる。

危険な駐車場しか遊ぶ場のない子どもたちが、安全な広場をつくるという目標を立てる。不良のたまり場になると反対する住民を説得し、市役所と交渉、六万ドルの資金を集めて三年がかりで夢を実現させたのは大成功例だ。

どうにもならない壁に当たり挫折することも多い。それでも、関係者を探し、電話をかけ、手紙を書く。他人との交渉は『政治の技術』であり、子どもたちに力を与える。(4)」

パブリック・アチーブメントの具体的な取り組みとしては、ミネソタ大学ハンフリー研究所とミネアポリスコミュニティ・テクニカルカレッジ（Minneapolis Community and Technical College）の連携によって行なわれているパブリック・アチーブメントの活動がある。これはミネアポリスコミュニティ・テクニカルカレッジにおける教員養成プログラムの一環として、同大学で教職課程を履修している学生を、小学生が行なうパブリック・アチーブメントの「コーチ」として、隣接する公立小学校に派遣している活動である。

つまりここでは、公立学校における政治的シティズンシップ教育の実践と、その担い手である政治的シティズンシップのコーチを大学で養成する実践とが、連動して行なわれている点が注目される。(5) このように、ボイトらのパブリック・アチーブメントのグループは、パブリック・ワークを生徒に指導するコーチとして大学生や市民らを学校に派遣し、教師と協同して活動の組織化を行なうという方法論を試みている。

その際、コーチを受け入れる学校の教師は、あるときは教師自身がコーチになりながら、大学の研究者やコーチとして派遣されてくる学生、市民たちと協同して学校を公共空間へと組みかえるコーディネーターの役割を担うことが求められている。いわば、教師がパブリック・アチーブメントの政治的コーディネーターとなることが求められるのである。

では、教師が政治的コーディネーターになるための条件はどこにあるか。この点に関して参考になる一例を紹介したい。

権力関係の可視化

全米で最初にチャータースクール法を制定したミネソタ州の州都セントポール市内のチャーター

スクール、アヴェロン高校は、ハリー・ボイトの共同研究者の一人でもあるハムリン大学のウォルター・エンローが創設に関与した高校である。この高校には学校運営の方式として二つのユニークな特色がある。

一つは、教師が自分たちの労働者協同組合を組織し、この教師による自主管理組織が学校を運営するシステムが採用されている点である。つまりこの自主管理組織のメンバーである教師は、学校に雇用されるとともに、その経営をも担うことになる。これは、もともとミネソタ州ヘンダーソンにあるミネソタニュー・カントリースクールというチャータースクールが開発したシステムで、エドビジョン・コーポラティヴと呼ばれる。これによって学校の教師集団が学校運営の主導権を確保することが可能になる。(6)

もう一つは、生徒が自治組織と憲法をもち、学校運営に発言権を行使することを制度化している点である。憲法は学校の統治構造を規定し、立法機関の議会と司法機関、行政機関からなる。生徒は議会を構成し、議会での議決を通じて学校の意思決定に参加する。教職員は行政機関を構成し、議会の議決に対する拒否権を行使できる。このようにして、生徒の自治権が制度化されると同時に、拒否権の規定により、教師と生徒の権力関係も可視化される。教師と生徒の権力関係が可視化されるということは、本論の第5講でみた、教師の権力性が顕在化するということである。

このような教師の自治と生徒の自治の複合的な構造によって、第12講で述べた教師による自身の権力性脱構築のための前提条件が提供される。つまり、教師は生徒との間で葛藤、緊張関係を経験しながら権力性を脱構築し、政治的コーディネーターとして自らを変容させていくことが可能になる。だとすれば、そこに私たちは、本論でアレントの思想に即してみてきたような過去と未来の間に立つ教師像の一つのありようを見いだすことができるのではないだろうか。教師がパブリック・アチーブメントのコーディネーターとなりうる一つの条件を、この点に見いだすことができる。

日本におけるシティズンシップ教育の可能性

日本の教育改革論議には、シティズンシップの政治的側面を軽視し、共同体への奉仕をもっぱら強調するような潮流が根強く存在する（第8講参照）。だが、すでにみてきたように、このような流れは、一九九〇年代以降のシティズンシップの再編をトータルにとらえたうえでの議論であるとはいえない。むしろ、いま求められているのは、これまでの日本の教育において十分かえりみられてはこなかったシティズンシップの政治的側面を評価し直すことである。このことは、第8講でもみたように、家族、学校、企業社会のトライアングルが揺らぎ、成人期への移行を画する概念としてのシティズンシップの意義が浮上している今日の日本ではとりわけ重要な意味をもつ。

その際、あらためて再評価する必要があるのは、日本の現行教育基本法（二〇〇三年九月現在）の第八条第一項、「良識ある公民たるに必要な政治的教養は、教育上これを尊重しなければならない。」という規定である。ボイトがいうようなシティズンシップ教育の政治的側面、つまり、党派的な対立や敵と味方の対抗図式に還元されない、「多様な利害と権力のダイナミクスの行使を伴う市民的行為の政治的次元」は、実は日本でも法制度的に十分尊重されているのである。

実際上も、教師がパブリック・アチーブメントの政治的コーディネーターになることは、日本の現行学校教育制度のなかでさえ、十分可能である。シティズンシップの養成のための教科としては社会科があるが、それだけでなく、本論でもみたように、学習指導要領の「特別活動」における生徒会活動や「総合的な学習の時間」のなかで、それを行なうことができる。さらに、新しい学校づくり、学校改革の過程で、市民を育てる公教育づくりの実験が始まっている。(7) そうした動きを、シティズンシップの再政治化へむけて励まし、活性化させうるような思想と制度をつくることが、いま強く求められているのではないだろうか。

【注】

（1）Derricott, R, "National Case Studies of Citizenship Education", in Cogan, J, Derricott, R., eds., *Citizenship-For the 21st Century*, Kogan Page, 1998. および、佐貫浩『イギリスの教育改革と日本』高文研、二〇〇二、一六九～一八六頁を参照。

（2）Sirianni,C., Friedland,L., *Civic Innovation in America*, University of California Press, 2001. クリントン政権下におけるシティズンシップをめぐる議論については、ハリー・ボイトの理論と共に、あらためて検討する機会をもちたい。

（3）Harry C. Boyte "A Different Kind of Politics-John Dewey and the Meaning of Citizenship in the 21st Century", paper prepared for Dewey lecture, University of Michigan, November 1, 2002. 本文中の引用頁数は同論文からのものである。

（4）浜田陽太郎「政治への参加促す記事を」『朝日新聞』朝刊、二〇〇二年八月三〇日付。

（5）ボイトらのこの試みは、市民を育てる「政治的指南役」として教師をとらえ直そうとする関曠野の議論とも重なるものである。関曠野『みんなのための教育改革 ― 教育基本法からの再出発』（太郎次郎社、二〇〇〇）、同「教師とは何か」『慶應義塾大学教職課程センター年報』第一一号、二〇〇一、を参照。

（6）エドビジョン・コーポラティヴについては、下記の文献を参照。Eric Rofes "Teachers as Communitarians: A Charter School Cooperative in Minnesota" in Bruce Fuller（ed）, *Inside Charter Schools*, Harvard, 2000. ただし、同論文における「共同体主義者としての教師」という把握と、本書における「政治的コーディネーターとしての教師」という把握には緊張関係があり、あらためて検討する機会をもちたい。エドビジョンについては高野良一氏からも多くの示唆を得ている。以下を参照。高野良一「個人商店型チャータースクールと教師の協同組合」法政大学教育学会『教育学会誌』第三〇号、二〇〇三。

（7）お茶の水女子大学附属小学校では、社会科に替えて「市民科」を創設し、市民的資質の教育を行なう実験が始まっている。

あとがき

二〇〇二年の夏から翌年の三月まで、アメリカ合衆国のミネソタ州に滞在する機会を得た。この年、アメリカ合衆国では、一一月に全国中間選挙が行なわれ、政権与党の共和党が圧勝した。筆者が在住していたミネソタも例外ではなく、知事が独立党から共和党へ、上院議員も民主党から共和党へ替わるなど、共和党の優勢が目立つ結果となった。

この結果を、二〇〇一年の九・一一テロ以降のアメリカ社会全体の保守化、あるいは右傾化の表現としてとらえることもできるかもしれない。実際、選挙後にブッシュ政権がとった一連の行動は、それを立証したかに見える。しかし、ことがらはそれほど単純ではないようにも思われる。政治学者のリサ・ディッシュが、「ミネソタの州民はかつてない最大の票数を、緑の党と独立党の候補者に投じた」ことに注意を促しているように、民主、共和の二大政党の対立構図に還元できない、新しい政治の動きがでてきていることも事実なのである（Lisa Disch, "Forget about obituaries for state's third parties" *Star Tribune*, 2002.11.10., p.AA1,p.AA3.）。

ミネソタ州は長らく、ヒューバート・ハンフリーやユージン・マッカーシー、ウォルター・モンデールといった歴代の副大統領、大統領候補を輩出した民主党リベラル派の拠点であった。だが一九九〇年代以降、緑の党や独立党の台頭、独立党州知事の選出など、従来の民主党リベラル対共和党保守という構図のみには還元できない新しい政治の構図が形成されつつある。一九九一年のチャータースクール法制定もそうした構図のなかで生まれたものであった。ミネソタ大学ハンフリー公共政策研究所はそうした構図の形成に積極的に関与し、全米の動きを主導する役割を担った。

具体的には、ジョー・ネイサンが主催するハンフリー公共政策研究所の「学校改革センター」はアメリカのみならず世界のチャータースクール運動にとってのメッカ的存在となった（ジョー・ネイサン『チャータースクール』大沼安史訳、一光社、一九九七）。また、本書でも紹介したハリー・ボイトが主催する同研究所の「民主主義とシティズンシップのセンター」は、クリントン政権の時代の「新しいシティズンシップ」の構想に主導的な役割を果たした。

本書では、このような一九九〇年代以降の構図を、福祉国家的なシティズンシップにかわる新しいシティズンシップを模索する動きとして思想史的に位置づけようとした。規制緩和によって特徴づけられる一九九〇年代以降の動きについては、それを新自由主義的な市場主義の台頭としてとらえる見解もあるが、本書はそれとはやや異なる分析の視点を提起し得たのではないかと思っている。とはいえ、その動きは必ずしも一枚岩ではなく、本書でもみたように、むしろ共同体主義的な立場からの奉仕活動、ボランティアを中心とするシティズンシップ論と、政治的シティズンシップ論との論争をうちに含んだ対抗関係、相克が存在している。この点については、今回のアメリカ滞在中に見聞きし、考えたことをまとめていく作業と合わせて、今後さらに検討を深めていきたいと考えている。

本書が、新しいシティズンシップの教育をめぐる議論の活性化に寄与すれば幸いである。

なお、本書の第1講から第12講までの本論は、月刊『教職課程』誌（協同出版）に二〇〇一年九月号から二〇〇二年八月号まで連載された「教師をめざす人のための哲学入門」を加筆修正、再構成したものである。また、プロローグとエピローグは、拙稿「二つのシティズンシップ—ボランティアか、パブリックか」（『高校生活指導』一五六号、二〇〇三）、および、拙稿「教育改革とシティズンシップ」（尾崎行雄記念財団発行・月刊『世界と議会』二〇〇三年七月号）をもとに、加筆修正を行なったものである。

『教職課程』誌での連載を加筆修正、再構成するにあたっては、教育思想史上の重要人物、重要事項をなるべく位置づけるようにこころがけた。欧米の教育思想や教育哲学を学び、研究する際のテキスト、参考書としても利用いただけると思う。今後、さらに改善を加えていきたいと思っているので、ご批判、ご教示を願う次第である。

『教職課程』誌での連載時から本書の刊行にいたるまで、白澤社の坂本信弘氏には、全面的にお世話になった。特に、『教職課程』誌の連載は坂本氏のインタビューに答えたものがもとになっている。筆者がこれまで書いたり考えたりしてきたことを氏がうまく引き出してくれなかったら、本書は成立していなかったと思う。記して謝意を表したい。

本書をまとめる作業は、ミネソタ大学訪問研究員として海外研修で赴任している時期に行なわれた。海外での研究の機会を与えてくださったお茶の水女子大学の同僚の諸先生、特に筆者が現在所属している教育科学講座の諸先生に感謝したい。また、ミネソタ大学で訪問研究員として筆者を招聘してくださった政治学部のリサ・ディッシュ氏、同学部長のジョン・フリーマン氏、筆者のインタビューや取材を認め、それに応じてくださった同大学ハンフリー公共政策研究所のハリー・ボイト氏、ジョー・ネイサン氏、ハムリン大学のウォルター・エンロー氏、ミネアポリスコミュニティ・テクニカルカレッジのマイケル・クーン氏、ミネアポリス市教育委員のジュディ・ファーマー氏、エドビジョン・コーポラティヴのロン・ニューエル氏、シティ・アカデミー高校のオスカー・シェファース氏、アヴェロン高校のアンドレア・マーティン氏、キャリー・バッケン氏、法政大学の高野良一氏に、謝意を表する次第である。
最後に、いつもながら草稿にコメントをしてくれた妻の亮子に感謝したい。

小玉重夫

二〇〇三年九月

《著　者》

小玉重夫（こだま　しげお）

1960年生まれ。東京大学法学部卒。東京大学大学院教育学研究科博士課程修了。慶應義塾大学、お茶の水女子大学を経て、現在、東京大学大学院教育学研究科教授。博士（教育学）。

著書に『教育改革と公共性 ボウルズ＝ギンタスからハンナ・アレントへ』（東京大学出版会）、『教育学をつかむ』（木村元・船橋一男との共著、有斐閣）、『学力幻想』（ちくま新書）、『岩波講座 教育 変革への展望 第1巻 教育の再定義』（共編著、岩波書店）、『難民と市民の間で――ハンナ・アレント『人間の条件』を読み直す』（現代書館）、『教育政治学を拓く――18歳選挙権の時代を見すえて』（勁草書房）、など。

シティズンシップの教育思想《きょういくしそう》

2003年11月 5 日　第一版第一刷発行

2017年 8 月25日　第一版第十一刷発行

著　者　小玉重夫

発行者　吉田朋子

発　行　有限会社 白澤社《はくたくしゃ》

〒112-0014　東京都文京区関口1-29-6　松崎ビル202

電話　03-5155-2615／FAX　03-5155-2616

E-mail：hakutaku@nifty.com

発　売　株式会社 現代書館

〒102-0072　東京都千代田区飯田橋3-2-5

電話　03-3221-1321（代）／FAX　03-3262-5906

装　幀　田中実

印　刷　モリモト印刷（株）

用　紙　（株）市瀬

製　本　鶴亀製本（株）